Otto Lehmann

Ueber Kant's Principien der Ethik und Schopenhauer's Beurteilung derselben

Otto Lehmann

Ueber Kant's Principien der Ethik und Schopenhauer's Beurteilung derselben

ISBN/EAN: 9783744600026

Hergestellt in Europa, USA, Kanada, Australien, Japan

Cover: Foto ©Thomas Meinert / pixelio.de

Weitere Bücher finden Sie auf **www.hansebooks.com**

Ueber

Kant's Principien der Ethik

und

Schopenhauer's Beurteilung derselben.

Inaugural-Dissertation

zur

Erlangung der Doctorwürde

in der

Philosophie,

welche

nebst beigefügten Thesen

mit

Zustimmung der Hohen Philosophischen Facultät der Universität Greifswald

am Donnerstag, den 29. Juli 1880,

Mittags 12 Uhr

öffentlich verteidigen wird

Otto Lehmann

aus Wittstock (Ost-Priegnitz).

Opponenten:

W. **Müller**, Dr. phil.
E. **Borchert**, cand. math.
W. **Stoewer**, stud. phil.

Greifswald.

Druck von Julius Abel.

1880.

SEINEN

TEUREN ELTERN

gewidmet.

Inhaltsübersicht.

Einleitung. pag. 1—4.
Aufgabe der vorliegenden Schrift; Quellen; Vorgänger; Plan des Folgenden.

Kap. I. Der Grundgedanke von Kant's Kriticismus und Schopenhauer's Einwände gegen denselben. pag. 5—19.
§ 1. Kant's Grundgedanke erkenntnisstheoretisch: Untersuchung der Möglichkeit der Metaphysik. p. 5. — § 2. Erkenntnisstheorie (Kritik der reinen Vernunft) und Psychologie in ihrem Unterschiede und ihrer Verwandtschaft. p. 6. — § 3. Der eigentliche Sinn von Kant's Abweisung der innern Erfahrung von der Erkenntniss des a priori. p. 8. — § 4. Formulirung des Grundgedankens des Kant'schen Kriticismus. p. 11. — § 5. Schopenhauer's Einwürfe gegen diesen Grundgedanken. p. 14.

Kap. II. Der Grundgedanke der Kant'schen Ethik und Schopenhauer's Kritik desselben. pag. 20—33.
§ 1. Der Grundgedanke der Kant'schen Ethik: Ableitung der Ethik aus dem Begriffe des Bewusstseins; Missverständniss Hermann Cohen's. p. 20. — § 2. Die specielle Ausführung dem Grundgedanken nicht gleichwertig. p. 26. — § 3. Schopenhauer's Polemik gegen diesen Grundgedanken, teils direct, teils indirect durch seine eigene Methode in der Ethik. p. 28.

Kap. III. Kant's Schriften zur Ethik Gegenseitiges Verhältniss der „Grundlegung zur Metaphysik der Sitten" und der „Kritik der praktischen Vernunft". pag. 34—50.
§ 1. Kant's ethische Schriften. p. 34. — §. 2. Unterschied zwischen der „Grundlegung" und der „Kritik" nach Schopenhauer. p. 35. — § 3. Unterschied der beiden Werke nach Eduard Erdmann und Kuno Fischer. p. 37. — § 4. Unterschied der beiden Werke nach Hermann Cohen. p. 38. — § 5. Ein bisher unbeachteter Unterschied zwischen beiden Werken rücksichtlich des Verhältnisses der Freiheit zum moralischen Gesetze. p. 42.

Kap. IV. Die Hauptpunkte der Kant'schen Ethik. pag. 51—80.
§ 1. Uebersicht. p. 51. — § 2. Die Tatsache des Sittengesetzes: die gesetzgebende Form (der kategorische Imperativ). p. 51. — § 3. Die Begründung des Sittengesetzes: die transscendentale Freiheit. p. 52. — § 4. Nähere Be-

stimmung des Begriffes der transscendentalen Freiheit; Freiheit und moralisches Gesetz. p. 54. — § 5. Möglichkeit der Freiheit; theoretische und praktische Vernunft; Freiheit und Ding an sich. p. 57. — § 6. Die Begriffe der gesetzgebenden Form und der transscendentalen Freiheit die beiden Grundpfeiler der Kant'schen Ethik. p. 60. — § 7. Kritische Bemerkungen zum Begriffe der gesetzgebenden Form (oder zum kategorischen Imperativ). p. 62. — § 8. Kritische Bemerkungen zum Begriffe der transscendentalen Freiheit (und des Dinges an sich). p. 74. — § 9. Schopenhauer's Unterscheidung zwischen oberstem Grundsatz und Fundament der Ethik Kant's. p. 79.

Kap. V. Das Factum des Sittengesetzes als Ausgangspunkt der ethischen Betrachtung. pag. 81—90.

§ 1. Das Factum des Sittengesetzes als Ausgangspunkt für Kant. p. 81. — § 2. Missverständliche Meinung Schopenhauer's, dass das Sittengesetz bei Kant nicht als Factum gelte; der Sinn der Facticität des Sittengesetzes bei Kant. p. 83. — § 3. Inconsequenz Schopenhauer's in Betreff jener Meinung; Erläuterung des Kant'schen Ausdrucks, das Sittengesetz sei „gleichsam ein Factum" der reinen Vernunft. p. 87.

Kap. VI. Der Begriff des absoluten Sollens (oder der Pflicht) als in dem Factum des Sittengesetzes enthalten. pag. 91—107.

§ 1. Der Ethik eignet ein (absolutes) Sollen. p. 91. — § 2. Schopenhauer's Einwände gegen den Begriff des Sollens in der Ethik: vermeinter Widerstreit des Sittengesetzes mit dem Causalgesetze der Motivation; vermeinter Widerstreit zwischen der unbedingten Notwendigkeit der sittlichen Gesetze und der doch geschehenden Uebertretung derselben. p. 91. — § 3 Unbedingtes Sollen nach Schopenhauer eine contradictio in adiecto; Sollen und Pflicht. p 97. — § 4. Schopenhauer lässt den Begriff des Sollens in seiner eigenen Ethik heimlich wieder zu; Sollen und Wertschätzung. p. 100. — § 5. Notwendigkeit einer Begriffsanalyse des Sollens; solche von Kant versäumt und warum; Schluss. p. 103.

Vorbemerkung
über die Citate aus Kant und Schopenhauer.

Kant's Schriften sind nach der Ausgabe von J. H. v. Kirchmann citirt. Nur bei Citaten aus den kleineren Schriften Kant's ist auch Band und Abteilung mitangegeben. Die Hauptschriften sind durch folgende Abkürzungen bezeichnet:

Kr. r. V. = Kritik der reinen Vernunft (Bd. I bei Kirchmann).
Kr. pr. V. = Kritik der praktischen Vernunft (Bd. II. Abt. I bei K.).
Kr. d. U. = Kritik der Urteilskraft (Bd. II. Abt. II bei K.).
Prol. = Prolegomena zu einer jeden künftigen Metaphysik (Bd. III, Abt. I bei K.).
Grundl. = Grundlegung zur Metaphysik der Sitten (Bd. III, Abt. II bei K.).
Met. d. S. = Metaphysik der Sitten (Bd. III Abt. III bei K.).

Für Schopenhauer's Schriften sind folgende Abkürzungen gebraucht:

Welt I (resp. II) = Die Welt als Wille und Vorstellung, Bd. I (resp. II), citirt nach der 3. Auflage, Leipzig 1859.
Par. I (resp. II) = Parerga und Paralipomena, Bd. I (resp. II), citirt nach der 2., von Frauenstädt herausgegebenen Auflage, Berlin 1862.
Mor. = Preisschrift über die Grundlage der Moral, enthalten als zweiter Teil in „Die beiden Grundprobleme der Ethik", citirt nach der 2. Auflage, Leipzig 1860.

die Erwägung, dass jene von Schopenhauer gelieferte Kritik sehr einer Revision und Berichtigung bedarf, teils die Rücksicht auf die so sich bequem bietende Gelegenheit, von der Kant'schen Ethik gerade die Hauptpunkte und grundlegenden Principien im Anschluss an Schopenhauer's Würdigung derselben einer eingehenden Prüfung zu unterziehen.

Schopenhauer, dessen Philosophie, nach der oft ausgesprochenen Meinung des Philosophen selbst, eine berichtigende Fortentwicklung der Kant'schen Philosophie sein soll, welche letztere die unumgängliche Voraussetzung seiner eigenen Lehre sei, verlässt gerade in der Ethik fast gänzlich die von Kant gelegten Grundlagen. Eben deswegen wol hat er auch keinen andern Teil des Kant'schen Lehrgebäudes einer so eingehenden Kritik und, wie er meinte, Widerlegung unterworfen, wie den ethischen. Die Beurteilung der Kant'schen Morallehre durch Schopenhauer findet sich bekanntlich einmal in kürzerer Darstellung innerhalb der dem ersten Bande seines Hauptwerkes, der „Welt als Wille und Vorstellung", als Anhang angefügten „Kritik der Kant'schen Philosophie" (auf Seite 610—627 der dritten Auflage), dann ausführlicher und gründlicher in seiner „Preisschrift über die Grundlage der Moral" unter dem Abschnitte „Kritik des von Kant der Ethik gegebenen Fundaments". Auf diese beiden Abschnitte, namentlich auf den letzteren, werden wir daher vornehmlich Rücksicht zu nehmen haben, ohne natürlich die übrigen Schriften Schopenhauer's, soweit sie für unsere Aufgabe in Betracht kommen können, ausser Acht zu lassen.

Unser Thema ist schon einmal bearbeitet worden in der gekrönten Preisschrift von E. M. Friedrich Zange, „Ueber das Fundament der Ethik. Eine kritische Untersuchung über Kant's und Schopenhauer's Moralprincip", Leipzig 1872, welche Schrift laut der Vorrede die „Untersuchung von Schopenhauer's Kritik des Kant'schen Fundaments der Ethik und Prüfung seines eigenen Moralprincips" zum Gegenstande hat. Indessen hoffen wir, das unsere Arbeit nach Anordnung und Ausführung sich hinlänglich von der genannten Schrift unterscheidet, um ihr gegenüber auf volle Selbständigkeit Anspruch erheben zu können. Deshalb glauben wir auch, eine besondere Berücksichtigung der Zange'schen Schrift im einzelnen uns ersparen zu dürfen.[1])

Von den für unsere Arbeit etwa in Betracht kommenden Schriften über Kant sind uns die wichtigeren nicht fremd geblieben. Doch glaubten wir, für unsere eigene Auffassung und Beurteilung der Moraltheorie Kant's und seiner Philosophie überhaupt — und ebenso der Schopenhauer's — uns lieber an die eigenen Schriften des Philosophen halten zu sollen. Nur gelegentlich sind wir auf einzelne Ansichten der Ausleger Kant's näher eingegangen.

Wir beabsichtigen nicht, die vollständige Schopenhauer'sche Kritik der Kant'schen Morallehre einer Beurteilung zu unterziehen, sondern werden uns darauf beschränken, nur auf die Kritik, welche Schopenhauer an dem allgemeinen Grundgedanken der Kant'schen Ethik sowie an deren Ausgangspunkt übt, genauer einzugehen.

Der Grundgedanke der Ethik Kant's ist auf das engste verbunden mit dem Grundgedanken seiner Philosophie überhaupt; jener kann ohne diesen nicht hinlänglich klar eingesehen und beurteilt werden. Wir werden daher zuvörderst (in Kap. I) den Grundgedanken von Kant's kritischer Philosophie überhaupt und Schopenhauer's Einwände gegen den-

---

1) Die Abhandlung von Günther, Ueber Schopenhauer's Kritik der Kant'schen Philosophie (in: Jahrbuch des Vereins für wissenschaftliche Pädagogik, IV. Jahrgang, 1872, p. 116—150) und ebenso das vielleicht gleichfalls hierher zu ziehende Programm von L. Chevalier, Die Philosophie Arthur Schopenhauer's in ihren Uebereinstimmungs- und Differenzpunkten mit der Kant'schen Philosophie, Prag 1870, sind uns leider nicht zugänglich gewesen.

selben zu erörtern haben, um darauf (in Kap. II) den Grundgedanken der Kant'schen Ethik im speciellen und Schopenhauer's Kritik desselben abzuhandeln. Alsdann werden wir, ein Versäumniss Schopenhauer's nachholend, einen kurzen Blick auf den allgemeinen Gang und die Methode der Untersuchung in Kant's Ethik werfen. Ehe wir aber hierzu übergehen (in Kap. IV), werden wir (in Kap. III) einige Bemerkungen voranschicken darüber, mit welchem Rechte sich Schopenhauer bei seiner Kritik vorzugsweise an Kant's „Grundlegung zur Metaphysik der Sitten" gehalten hat, und werden bei der Gelegenheit das Verhältniss der „Grundlegung" zur „Kritik der praktischen Vernunft" etwas näher untersuchen. Darauf handeln wir specieller von dem Ausgangspunkte der Kant'schen Ethik und Schopenhauer's Stellung zu demselben, das ist (in Kap. V) von dem Factum des Sittengesetzes als Ausgangspunkt der ethischen Betrachtung und (in Kap. VI) von dem Begriffe des absoluten Sollens oder der Pflicht als in diesem Factum enthalten.

Kapitel I.
Der Grundgedanke von Kant's Kriticismus und Schopenhauer's Einwände gegen denselben.

§ 1.

Die sämmtlichen Arbeiten Kant's zur Philosophie sind ihrer Grundabsicht nach als erkenntnisstheoretische zu bezeichnen. Es war die Frage nach der Möglichkeit der Erkenntniss, nach ihrem Ursprunge, ihrem Umfange und ihren Grenzen, deren endgültige und durchaus vollständige Beantwortung Kant sich zur eigentlichen Lebensaufgabe gemacht hatte. Er fand diese Beantwortung in der Entdeckung des a priori und der genauen Aufzeigung aller einzelnen apriorischen Momente in den verschiedenen Grundrichtungen der Seelentätigkeit (in dem Erkennen, in dem sittlichen Handeln und in dem ästhetischen Geschmacksurteil.) Insofern seine Philosophie die Möglichkeit des a priori und damit der Erkenntniss überhaupt untersucht, bezeichnet sie sich selbst als kritisch; sie wird aber zugleich auch systematisch, indem sie — auf Grund jener nur als Propädeutik dienenden Kritik — auch das vollständige System aller apriorischen oder reinen Vernunfterkenntnisse zu entwickeln unternimmt. Mit andern Worten lässt sich daher als das Ziel Kant's in möglichster Kürze aussprechen die Untersuchung der Möglichkeit der Metaphysik und die auf diese Prüfung sich stützende Neubegründung der Metaphysik, — Metaphysik hier in dem weiteren Sinne verstanden, in welchem sie „das Inventarium aller unserer Besitze" aus reiner Vernunft (Kr. r. V. Vorrede zur 1. Aufl. p. 20) oder „die ganze wahre sowol als scheinbare philosophische Erkenntniss aus reiner Vernunft im systematischen Zusammenhange" (Kr. r. V. p. 647) befasst, also auch die gesammte alte Schulmetaphysik, soweit sie Kant in sein System mitaufnimmt, und, wo er sie zurückweist, deren Widerlegung in sich enthält.

§ 2.

Die Erkenntnistätigkeit war nicht durch Kant zum ersten Male zum Object philosophischer Reflexion gemacht worden. Worin also bestand das wesentlich Neue seiner Betrachtungsweise, das diese von allen früheren unterschied? Was die Philosophen vor Kant über das Erkennen lehrten, war entweder — wie bei Spinoza oder Leibnitz — durchaus abhängig von einer vorher als feststehend angenommenen Metaphysik; während Kant mit Recht forderte, dass gerade umgekehrt die Untersuchung über das Erkennen jeder etwaigen Metaphysik vorangehen müsse. Oder aber, wenn auch die früheren Philosophen mit einer Untersuchung über das menschliche Erkennen begannen, so waren doch bei ihnen solche Untersuchungen — um mit Einem Worte den Unterschied hervorzuheben — immer nur **psychologischer** Natur; Kant's Untersuchungen desselben Gegenstandes indessen waren **erkenntnisstheoretischer**, oder wie er selbst gesagt haben würde, **transscendentaler** Art. Auf die möglichst scharfe Fassung des begrifflichen Unterschiedes zwischen einer psychologischen und einer transscendentalen (oder erkenntnisstheoretischen) Betrachtung kommt es dabei an. Beide, die Psychologie wie die Erkenntnisstheorie, gehen von der gegebenen Tatsache des Erkennens oder Denkens aus; aber die Ziele beider liegen in verschiedener Richtung. Die Psychologie fragt nach dem **Processe** oder dem Zustandekommen des Erkennens. Sie fragt: Durch welche Vorgänge und unter welchen Gesetzen der Verbindung, Verschmelzung, Verflechtung, Hemmung, Association, Reproduction, kurz der Wechselwirkung der Vorstellungen geschieht die Bildung unserer Anschauungen und Begriffe? Wie werden sie gebildet beim normal entwickelten Individuum, wie beim Kinde, wie etwa auch beim Tiere? Wie erwachen allmälig die kategorialen Functionen und wie machen sie sich geltend in der Entwicklung des Individuums und in der Stufenfolge verschieden entwickelter Intellecte? Die Erkenntnisstheorie dagegen sieht gänzlich ab von dem Gewordensein der Erkenntnissinhalte und der Stufenfolge ihrer Bildungsgeschichte; sie untersucht dafür den Erkenntnisswert oder das begriffliche Verhältniss der verschiedenen Factoren des Denkens. Sie sucht festzustellen, welche Erkenntnissmomente aus der Erfahrung stammen, und welche als apriorischer Besitz der Seele, als kategoriale Function des Intellectes selbst, die Erfahrung erst möglich machen, als deren Bedingung und Voraussetzung ihr — nicht zeitlich, sondern begrifflich — vorhergehen. Sie forscht zwar auch nach dem Entstehen z. B. des Dingbegriffes; aber es handelt sich für sie nicht, wie für die Psychologie, um das in der Zeitfolge aufweisbare Entstehen aus diesen und jenen psychischen Regungen, sondern um das begriffliche Verhältniss der den Begriff constituirenden Factoren. Die Psychologie giebt oder sucht den Einblick in die Mechanik des Erkennens als psychischen Processes; die Erkenntnisstheorie entwirft das System der begrifflichen Bedingungen des Erkennens qua Erkennens, sie erörtert den Begriff des Erkennens oder des denkenden Bewusstseins.

Aus der versuchten Begriffsbestimmung ergiebt sich neben dem Unterschiede auch die Verwandtschaft der Erkenntnisstheorie mit der Psychologie. Beide verlangen zur höchsten Vollendung ihrer Aufgaben die Ergänzung durch einander. Stellen wir uns die Erkenntnisstheorie vor in denkbar grösster Vollkommenheit, so weist doch die von ihr ungelöst bleibende Frage, wie denn nun das begriffliche System von Bedingungen und Factoren der Erkenntniss psychologisch entstanden und wirksam ist, auf die Psychologie. Und andrerseits, denken wir uns diese in absoluter Vollständigkeit, so würden allerdings durch eine durchaus lückenlose Einsicht in die Mechanik des Erkenntnissvorganges auch dessen begriffliche Bedingungen aufgehellt sein und eine vollkommene Psychologie auch die vollendete Erkenntnisstheorie in sich enthalten.

§ 3.

Von der zwischen Erkenntnisstheorie und Psychologie von uns aufgestellten Unterscheidung aus fällt auch Licht auf die Frage, was Kant eigentlich damit gemeint hat, wenn er von der Erkenntniss des a priori oder der metaphysischen Erkenntniss jede Belehrung durch Erfahrung, auch die durch innere Erfahrung, abwies[1]). Wollte man es mit dieser Abweisung streng nehmen, so könnte man fragen, ob denn durch den Verzicht auf die Belehrung auch durch innere Erfahrung nicht überhaupt jede mögliche Erkenntnissquelle abgeschnitten werde. Tatsächlich hat aber auch Kant die reflectirende Selbstbesinnung auf die Gesetze des Denkens, die doch wol mit zu dem Begriffe der inneren Erfahrung gerechnet werden müsste, durchaus nicht ausgeschlossen. — Was er gemeint hat, ist dieses. Indem er für seine Untersuchungen jede Belehrung aus innerer Erfahrung verschmähte und nur die reine Vernunfterkenntniss für sie in Anspruch nahm, wollte er dieselben bezeichnen als unternommen im Interesse der **Erkenntnisstheorie**, nicht in dem der Psychologie[2]). Die Abgrenzung

---

[1]) Von verschiedenen in diesem Sinne lautenden Stellen möge hier nur die eine stehen Prol. § 1: „Zuerst was die Quellen einer metaphysischen Erkenntniss betrifft, so liegt es schon in ihrem Begriffe, dass sie nicht empirisch sein können. Die Principien derselben . . . müssen also niemals aus Erfahrung genommen sein . . . Also wird weder äussere Erfahrung, welche die Quelle der eigentlichen Physik, noch innere, welche die Grundlage der empirischen Psychologie ausmacht, bei ihr zu Grunde liegen."

[2]) Vgl. Kr. r. V. p. 652: „Also muss empirische Psychologie aus der Metaphysik gänzlich verbannt sein und ist schon durch die Idee derselben davon gänzlich ausgeschlossen", und Prol. § 21 a, zu Anfang.

dieser beiden von einander verstand er dabei genau so, wie
wir sie vorhin zu geben versucht haben; das wird bewiesen
durch die ganze Ausführung seiner Untersuchung. Aber während
wir den Unterschied zwischen Erkenntnisstheorie und Psychologie bestimmten mit Rücksicht auf ihre verschiedenen Aufgaben
und Ziele, so lässt Kant (nicht für die Durchführung seines
kritischen Geschäftes — das war unmöglich — aber) für die
vorgängige Fixirung und Charakterisirung seines Vorhabens
diesen Unterschied der Aufgaben und Ziele bei Seite und be-
schränkt sich darauf, statt dieses primären Unterschiedes vorwiegend einer secundären, aus jenem primären erst hervor-
gehenden und durch ihn erst verständlichen anzugeben, nämlich
den Unterschied rücksichtlich der Methode und der Quellen.
So hat ihm die Erkenntnisstheorie (oder, wie er selber dafür
sagt, die Methaphysik) zur Quelle die reine, von aller Empirie freie Vernunfterkenntniss, wogegen die (empirische) Psychologie aus innerer Erfahrung ihre Belehrung schöpft. Auch
dieser Unterschied rücksichtlich der Quellen oder der Methoden ist völlig zutreffend und genügend, um zwischen Erkenntnisstheorie und Psychologie die Grenze zu ziehen: nur ist das
Missliche dabei, dass er nicht recht verständlich ist ohne die
Einsicht in jenen ersten und Hauptunterschied, in welchem
er seinen Grund hat, und den Kant wohl im Auge gehabt hat,
aber nicht scharf und unmissverständlich ausspricht [1]. Dazu
kommt denn noch hinzu, dass man nicht gleich sieht, wie
denn die reine Erkenntniss von der innern Erfahrung begrifflich
unterschieden und ihr entgegengesetzt sein soll. Daher konnten
sich an den Begriff der innern Erfahrung bei Kant und seines
Gegensatzes, der reinen Erkenntniss, wol mancherlei Missverständnisse und Unklarheiten der Ausleger anknüpfen, und

---

[1] Etwas deutlicher als sonst gewöhnlich weisen Kant's Worte auch auf
den primären Unterschied hin Kr. r. V. p. 130, wo er, zunächst mit Rücksicht
auf die transscendentale Deduction, seine Aufgabe von dem Unternehmen Locke's
unterscheidet.

man kann Kant nicht nachrühmen, durch seine Ausdrucksweise jedem Missverständnisse genügend vorgebeugt zu haben. Der Gedanke Kant's indessen ist durchaus klar und als richtig anzuerkennen. Aber er wird nur klar, wenn wir Kant's Unterscheidung zwischen Erkenntnisstheorie und Psychologie rücksichtlich ihrer Quellen und Methoden zurückführen auf die von uns gegebene Unterscheidung beider rücksichtlich ihrer Aufgaben und ihrer Ziele und aus ihr als Folge ableiten. Dann ergiebt sich Folgendes: Der Erkenntnisstheorie ist es um die Bedingungen und Voraussetzungen des Denkens oder Bewusstseins, also mit Einem Worte um den Begriff desselben zu thun; demnach entwickelt sie ihre Lehren durch Reflexion eben auf den Begriff des Bewusstseins, unangesehen seines besonderen, zufälligen Inhalts; d. h. mit Kant's Ausdruck: sie ist reine Erkenntniss, ohne innere Erfahrung. Die Psychologie dagegen betrachtet die Besonderheiten des Denkens oder Bewusstseins nach der Verschiedenheit des Inhalts, der Verschiedenheit des erkennenden Subjects und der Verschiedenheit des Erkenntnissvorganges selbst; daher kann sie nicht rein aus dem Begriffe des Bewusstseins operiren, sondern bedarf des Eingehens auf die besonderen Formen des Bewusstseins; das ist in Kant's Sprache: sie bedarf der innern Erfahrung, sie ist empirisch. — Nach dieser Darlegung muss es als völlig verkehrt erscheinen, wenn Schopenhauer an einer Stelle (Welt I, p. 506), die wir gleich noch von anderer Seite her zu prüfen haben werden, meinen konnte, Kant hätte durch sein apriorisches Verfahren die inhaltsreichsten aller Erkenntnissquellen, innere und äussere Erfahrung, verstopft.[1]) Er hat vielmehr nur da, wo es sich um die Erkenntniss des Begriffes vom

---

[1]) Sagt doch Kant auch einmal selbst (Welches sind die wirklichen Fortschritte, die die Metaphysik . . . gemacht hat, Bd. V, Abt. IV, p. 155), dass „innere Erfahrung allein es ist, wodurch wir uns selbst kennen"; was also nach dem Dargelegten keinen Widerspruch mit der p. 8 Anmerkung [1]) citirten Stelle der Prol. § 1 einschliesst.

Bewusstsein landelte, mit Recht nichts zulassen wollen, was nicht mehr zu dem Begrifflichen, sondern schon zu der Besonderung desselben gehört.

§ 4.

Nach allem Bisherigen können wir als den leitenden Grundgedanken von Kants gesammtem kritischen Unternehmen aussprechen: Die Begründung einer auf Erkenntnisstheorie (nach seinem eignen Ausdrucke auf Kritik der reinen Vernunft) gestützten Metaphysik. Nicht dem Buchstaben, aber sicher dem Geiste Kant's getreu, könnte man in demselben Sinne auch sagen: Kant wollte aus der Reflexion auf das Bewusstsein als solches die den Begriff desselben ausmachenden Momente (sammt ihren Consequenzen) gewinnen.

§ 5.

Sehen wir nun zu, wie Schopenhauer den Grundgedanken Kant's versteht und kritisirt. Er bespricht denselben vornehmlich auf Seite 505—507 des ersten Bandes seines Hauptwerkes, bei Gelegenheit der dort befindlichen „Kritik der Kant'schen Philosophie." Daselbst wird als der Grundgedanke Kant's Folgendes hingestellt: Weil die Erkenntnisse aus reiner Vernunft blosse Formen unseres Intellectes sind, so können wir nicht die Dinge, wie sie an sich sind, erkennen; Metaphysik (d. h. die alte transscendente Schulmetaphysik) ist demnach unmöglich und an ihre Stelle tritt Kritik der reinen Vernunft. Hiermit ist der Grundgedanke Kants im allgemeinen richtig bezeichnet. Aber die Art und Weise, wie Schopenhauer Kant zu diesem Resultate gelangen lässt, und seine eigene daran ansetzende vermeinte Verbesserung Kant's fordern notwendig zur Entgegnung heraus. Er fasst nämlich die Bestimmungen, welche Kant von seinem eigenen Begriffe der Metaphysik giebt, so auf, als ob sie von der dogmatischen transscendenten Metaphysik gelten sollten. Nach ihm ging Kant „mit seinen Vorgängern", den dogmatischen Metaphysikern, von folgenden Voraussetzungen aus: „1) Meta-

physik ist Wissenschaft von demjenigen, was jenseits der
Möglichkeit aller Erfahrung liegt. — 2) Ein Solches kann
nimmermehr gefunden werden nach Grundsätzen, die selbst
erst aus der Erfahrung geschöpft sind (Prol. § 1); sondern nur
das, was wir vor, also unabhängig von aller Erfahrung
wissen, kann weiter reichen als mögliche Erfahrung. — 3)
In unserer Vernunft sind wirklich einige Grundsätze der Art
anzutreffen: man begreift sie unter dem Namen Erkenntnisse
aus reiner Vernunft." Nun beginne die Abweichung Kant's
von seinen Vorgängern. Die Erkenntnisse aus reiner Vernunft
seien nämlich nur Formen unseres Intellects, gelten also bloss
für unsere Auffassung der Dinge und können demnach nicht
über die Möglichkeit der Erfahrung, „worauf es, laut Art.
1), abgesehen war", hinausreichen. — In jenen drei Voraussetzungen „gehe Kant mit seinen Vorgängern zusammen."
Sie wären also von ihrem Standpunkte aus, von dem Standpunkte der transscendenten Metaphysik, zu verstehen. Dann
heissen sie, recht deutlich formulirt, so: 1) Metaphysik ist
Wissenschaft von dem Transscendenten (was bekanntlich gerade
nicht die Voraussetzung Kant's gewesen ist.) 2) Dies Transscendente kann nicht durch Erfahrung gewonnen werden;
sondern nur das, was wir unabhängig von aller Erfahrung
wissen, kann in dieses Transscendente hineinreichen (ein Satz,
dessen Zerstörung gerade sich Kant besonders angelegen
sein lässt). 3) Es giebt wirklich in unserer Vernunft einige
Grundsätze „der Art", nämlich die Erkenntnisse aus reiner
Vernunft (d. h. doch also: Es giebt Grundsätze, die wir unabhängig von aller Erfahrung wissen und die demnach in das
Transscendente hineinreichen.) Nach diesen „Voraussetzungen"
Kant's gäbe es also gerade eine transscendente Metaphysik!
Als die weitere Lehre Kant's oder als sein Resultat wird nun
ganz richtig die Unmöglichkeit einer transscendenten Metaphysik und die Geltung der reinen Vernunfterkenntnisse nur

für die Welt der Erscheinungen angegeben. Darnach würde also das Resultat Kant's seinen Voraussetzungen geradezu in's Gesicht schlagen; woran indessen Schopenhauer keinen Anstoss nimmt. — Dieser Kant angedichtete Widerspruch fällt sofort weg, wenn jene drei Voraussetzungen nicht, wie Schopenhauer will, im Sinne der dogmatischen Vorgänger Kant's verstanden, sondern auf Kant's eigenen Begriff von der Metaphysik bezogen werden. Dann sind sie in folgendem Sinne zu interpretiren: 1) Metaphysik ist Wissenschaft (nicht von demjenigen, was jenseits der Möglichkeit aller Erfahrung[1]) liegt, sondern) von den Bedingungen der Möglichkeit der Erfahrung, d. h. Wissenschaft nicht vom Transscendenten, sondern vom Transscendentalen. 2) Diese Bedingungen der Möglichkeit aller Erfahrung können — natürlicherweise — nicht selbst aus der Erfahrung, die sie ja erst möglich machen, gewonnen werden; sondern nur das, was wir unabhängig von aller Erfahrung wissen, was wir als zu dem Begriffe der Erfahrung, des Denkens gehörend erkennen, kann (nicht weiter reichen als mögliche Erfahrung, sondern) eben zu der Einsicht in die Bedingungen der Erfahrung hinführen. Hiermit ist denn auch schon gegeben: 3) Es giebt in unserer Vernunft solche Bedingungen der Möglichkeit aller Erfahrung: die Erkenntnisse aus reiner Vernunft. Und das weitere Ergebniss Kant's, dass diese reinen Vernunfterkenntnisse als Bedingungen der Erfahrung auf diese eingeschränkt bleiben müssen, ist nicht mehr in Widerspruch mit diesen Sätzen, sondern fliesst als notwendige Folge aus ihnen her. — Wenn nun Schopenhauer weiter gegen die in jenen Voraussetzungen Kant's enthaltene Grundannahme, dass die Quelle der Metaphysik nicht empirisch sein

---

[1] Zwar sagt Kant Prol. § 1: Die Metaphysik sei „jenseits der Erfahrung liegende Erkenntniss". Damit ist aber nur gemeint, dass sie es eben mit den Bedingungen der Erfahrung, die selbst nicht wieder in der Erfahrung und also in diesem Sinne jenseits derselben liegen, zu tun hat, nicht etwa, dass sie über die Erfahrung in das Transscendente hinausführe.

dürfe, polemisirt und sie eine petitio principii nennt (a. a. O. p. 506; vgl. Welt II, p. 200), durch welche Kant die inhaltsreichste aller Erkenntnissquellen, innere und äussere Erfahrung, sich verstopft habe, so trifft dies also Kant gar nicht. Denn Schopenhauer denkt hierbei an die transscendente Metaphysik, er will ja seiner eigenen Metaphysik, die transscendent ist, wenn er sie auch für immanent ausgeben möchte, den Platz sichern; Kant aber meint in dem § 1 der Prolegomena, auf welchen Schopenhauer sich besonders beruft, die Metaphysik nach seinem eigenen Begriffe von ihr, nach welchem sie wesentlich Erkenntnisstheorie oder Wissenschaft von den Bedingungen der möglichen Erfahrung ist. Um diese letztere handelt es sich für Kant; nicht aber hat er es, wie Schopenhauer meint, „darauf abgesehen, über die Möglichkeit der Erfahrung hinauszureichen". So ist es auch durchaus keine petitio principii, für welche nur das etymologische Argument aus dem Worte Metaphysik angeführt werde, wenn Kant lehrt, dass die Quellen der Metaphysik nicht empirisch sein können, sondern es folgt dies, wie übrigens Kant selbst ausdrücklich bemerkt (Prol. § 1, Anfang des dritten Absatzes) aus dem Begriffe der Metaphysik als Wissenschaft von den Bedingungen der Möglichkeit der Erfahrung. Dass und inwiefern durch diese Abweisung der Empirie von der Metaphysik nicht wichtige Erkenntnissquellen derselben zugestopft sind, darüber haben wir uns schon (in § 3 dieses Kapitels) erklärt. — Was aber die transscendente Metaphysik betrifft, um die es Schopenhauer hier zu tun ist, so hatte ja gerade die Lehre Kant's nachgewiesen, dass eine solche durch reine Vernunfterkenntniss unmöglich zu gewinnen sei. Das anerkennt auch Schopenhauer ausdrücklich an unserer Stelle. Dass man aber einmal auf den Einfall kommen könnte, zu einer transscendenten Metaphysik auf empirischem Wege gelangen zu wollen, diesen Gedanken hat Kant vermutlich einer kritischen

Zurückweisung nicht erst für würdig, sondern für unter aller Kritik erachtet. Schopenhauer aber stellt allen Ernstes diesen Gedanken auf -- um Kant dadurch zu verbessern. Weil es unmöglich ist, auf apriorischem Wege, durch reine Vernunfterkenntniss, das Transscendente zu erfassen, so will er es einmal mit Hülfe der Empirie versuchen. Das Erstere hatte doch noch seinen guten Sinn, so lange man nämlich die reine Vernunfterkenntniss noch für eine ganz andere, höhere Erkenntnissart neben der empirischen ansprach und sie noch nicht mit Kant als deren Bedingung hatte einsehen lernen; aber auf dem Boden der Empirie das Transscendente, d. h. dasjenige, was seinem Begriffe nach nicht empirisch ist, finden wollen, das ist einfach barer Widersinn. Solchem handgreiflichen Widersinn sucht nun Schopenhauer durch die Behauptung zu entgehen, dass seine Metaphysik gar keine transscendente, sondern eine immanente sei, für welche daher die Empirie die Quelle sein könne und müsse. Er suche nur die Lösung des Rätsels der Welt aus dem gründlichen Verständnisse der Welt zu gewinnen; er wolle nicht die Erfahrung überfliegen, sondern sie von Grund aus verstehen (a. a. O. p. 506 und 507). Aber seine Praxis beweist die transscendente Absicht seiner Metaphysik und beweist demgemäss auch, dass er zum Zwecke solcher transscendenten Einsichten tatsächlich und seinen Behauptungen zum Trotz den Boden der Empirie verlässt und rein dogmatisch wird Denn ist etwa der metaphysische Wille Schopenhauer's, der als Ding an sich völlig frei ist von allen Formen der Erscheinung und demnach ausserhalb des Gebietes des Satzes vom Grunde liegt (Welt I, p 134), der ferner befreit von aller Vielheit, also Einer und unteilbar ist und ausser der Zeit und dem Raume sich befindet (ibid; ferner Welt I, p. 152), der weiter völlig motivlos und ziellos ins Endlose fortwirkt (Welt I, p. 194 - 196). der also nach allem von dem erfahrbaren psychologischen Willen, welch letzterer nur die nächste, vollkommenste und deutlichste seiner Erscheinungen, nur die allerleichteste Verhüllung desselben darstellt (Welt II, p. 221; vgl. Welt I, p. 132; II, p. 220, 564), völlig verschieden ist (wenn er auch nachher in der Anwendung oft wieder von jenem einzelne Bestimmungen heimlich entlehnt) — ist also dieser metaphysische Wille nichts Transscendentes? oder ist er etwa empirisch gewonnen worden? Zum Ueberfluss wird von Schopenhauer selbst (Welt II, p. 368) die Erkenntniss dieses metaphysischen Willens als transscendent eingeräumt. Sind ferner die so überaus unklaren und zum Teil selbst unlösbare Widerspsüche enthaltenden Begriffe der Objectivation des Willens, der Selbstaufhebung des Willens, des intelligibeln Charakters immanenter und empirischer Art? Doch braucht gar nicht einmal an specielle Lehren erinnert zu werden: schon bloss der Umstand, dass Schopenhauer von einem Dinge an sich (ganz gleichgültig, was er darunter im besonderen versteht) uns zu erzählen weiss, beweist die Transscendenz seiner Metaphysik und ihr Hinausgehen über den empirischen Standpunkt. Auch in seinen Aeusserungen über die Aufgabe der Philosophie und Metaphysik vermag er deren immanenten Charakter nicht festzuhalten. Zwar rühmt er denselben an vielen Stellen; ihnen stehen aber zahlreiche andere Stellen gegenüber, in denen, bald in etwas verschämter Weise, bald ganz offen, das Ueberfliegen der Erscheinung und das Aufsteigen in das Reich des Transscendenten als Ziel der philosophischen Einsicht zugestanden wird. Es verlohnt nicht der Mühe, im speciellen auf eine Kritik der einzelnen einschlägigen Stellen einzugehen. Einige derselben, welche die Widersprüche und Unklarheiten Schopenhauers betreffs dieses Punktes besonders deutlich erkennen lassen, sind in der Anmerkung [1]) zusammengestellt.

---

[1]) Die Immanenz seiner Metaphysik behauptet Schopenhauer ausdrücklich Welt II. p. 203: „Sie bleibt daher immanent und wird nicht transscendent". Ferner ibid. p. 733 f.: Seine Philosophie gehe „eigentlich" nicht über das Tatsächliche der Erfahrung hinaus zu irgend ausserweltlichen Dingen; „sie macht demnach keine Schlüsse auf das jenseit aller möglichen Erfahrung Vor-

Dagegen wird die empirische Erkenntnissquelle auch für die Erkenntniss transscendenter Gegenstände überall mit

handene.... Sie ist folglich immanent". Par. II, p. 94: Die Philosophie solle immanent sein und sich nicht versteigen zu überweltlichen Dingen. Welt I, p. 321: Seine Philosophie behaupte durchweg ihre Immanenz; sie werde nicht „die Formen der Erscheinung, deren allgemeiner Ausdruck der Satz vom Grunde ist, als einen Springstock gebrauchen wollen, um damit die allein ihnen Bedeutung gebende Erscheinung selbst zu überfliegen"; und ebenda werden die Begriffe vom Absoluten, Unendlichen und Uebersinnlichen „Wolkenkukuksheim" genannt. — Aber — und damit räumt er die Transscendenz seiner Metaphysik ein — schon auf der folgenden Seite (Welt I, p. 322) hat er dies vergessen und tadelt diejenige Philosophie, welche bei dem stehen bleibe, was Kant die Erscheinung nennt; die echte philosophische Erkenntniss lehre uns vielmehr (ib. p. 323) das innere Wesen der Welt erkennen und führe so über die Erscheinung hinaus. So versteht er denn auch in demselben Sinne Welt II, p. 180 unter Metaphysik „jede angebliche Erkenntniss, welche über die Möglichkeit der Erfahrung, also über die Natur oder die gegebene Erscheinung der Dinge, hinausgeht" und Aufschluss erteilt über das, was „hinter der Natur steckt". In gleichem Sinne Welt II, p. 197: Die Metaphysik strebe über die Erscheinung selbst hinaus zum Erscheinenden: und wenn sogar die gänzlich vollendete Erfahrung vorläge, so wäre damit noch kein Schritt in die Metaphysik getan. Par. II, p. 19: Metaphysik lehre nicht etwa nur das Vorhandene, die Natur, erkennen und betrachte es im Zusammenhange, sondern fasse es als Erscheinung auf und gelange von dieser zu dem Dinge an sich, zu dem Erscheinenden, was hinter jener steckt. — Recht schwankend und schillernd ist die schon gleich zuerst citirte Stelle Welt II, p. 203. Hier „geht die Metaphysik über die Erscheinung, d. i. die Natur, hinaus zu dem in oder hinter ihr Verborgenen (τὸ μετὰ τὸ φυσικόν)", — das wäre Transscendenz, nun folgt aber die Restriction zu Gunsten der Immanenz: — „es jedoch immer nur als das in ihr Erscheinende, nicht aber unabhängig von aller Erscheinung betrachtend: sie bleibt daher immanent und wird nicht transscendent. Denn sie reisst sich von der Erfahrung nie ganz (!) los, sondern bleibt die blosse Deutung und Auslegung derselben." Und auf der folgenden Seite (Welt II, p. 204): Seine Metaphysik gehe nie „eigentlich" (!) über die Erfahrung hinaus. Mit Vorliebe versteckt sich Schopenhauer hinter der unbestimmten Wendung. seine Philosophie sei die „Auslegung" oder die „Entzifferung" der Erfahrung, analog der Entzifferung einer Geheimschrift (Welt II, p. 202 f.; Par. I, p. 46; Par. II, p. 19; Welt II, p. 735, unten), wobei denn den gebrauchten Ausdrücken zufolge stets unklar bleibt, ob diese Entzifferung der Welt nur zu einer Einsicht in den Zusammenhang der Erscheinung, oder zu der Erkenntniss des Transscendenten führen solle. Der ganzen Ausführung nach handelt es sich natürlich immer um das Letztere; aber der Schein soll bewahrt werden, als sei es nur um das Erstere zu tun.

Lehmann, Kant's Principien der Ethik etc.

Worten behauptet [1]). Dass dieses Vorgeben eitel Blendwerk ist und sein muss, ist schon ausgesprochen und an einigen Beispielen gezeigt worden. — Welche Erschleichungen und Sophismen dazu dienen, den Schein einer streng empirischen Methode aufrecht zu erhalten, und auf welche Weise Schopenhauer in Wahrheit zu seinen transscendenten Lehren sich den Weg bahnt, das nachzuweisen ist nicht dieses Ortes. Hier genügte die Klarstellung folgender Sätze, in denen wir die Erörterungen dieses Paragraphen zusammenfassen: Schopenhauer anerkannte mit Kant dem alten Dogmatismus gegenüber die Unmöglichkeit einer transscendenten Metaphysik aus reiner Vernunfterkenntniss. Um aber gleichwol für seine eigene (im Grunde transscendente) Metaphysik die Berechtigung nachzuweisen, so bestreitet er zunächst Kant's Satz, dass Metaphysik nicht empirisch, sondern apriorisch sein müsse (aber in einer Weise, die, wie wir gesehen haben, Kant völlig missversteht und ihn demnach gar nicht trifft) und behauptet dagegen, Metaphysik müsse gerade, wie seine eigene Metaphysik tatsächlich tue, auf empirischer Basis stehen; und um dem Widersinn einer auf Empirie fussenden transscendenten Metaphysik auszuweichen, sucht er an einzelnen Stellen, denen andere widersprechen, den Schein zu erwecken, als sei seine Metaphysik auch gar nicht transscendent, sondern immanent. Es hat sich uns gezeigt, dass seine Metaphysik in ihrer Ausführung nicht immanent, sondern transscendent, und dass sie zu dem Behufe auch nicht empirisch, sondern die Empirie überschreitend ist. Sie steht demnach auf derselben Stufe

---

[1]) Z. B. Welt II. p. 204: „Sie (sc. die Metaphysik) ist demnach Erfahrungswissenschaft". Ibid. p. 200. „So muss auch sie empirische Erkenntnissquellen haben". Ibid. p. 201: „Ihr Fundament muss daher allerdings empirischer Art sein." Ibid: „Ursprung der Metaphysik aus empirischen Erkenntnissquellen." Ibid. p. 737: Er gehe von der Erfahrung aus. Par. II, p. 9: Philosophie müsse gegründet sein auf Beobachtung und Erfahrung, sowol innere als äussere.

mit der alten dogmatischen Metaphysik und wird also durch Kant's Vernichtung dieser, welcher Schopenhauer selbst beistimmt, mit verurteilt. — Somit ist Schopenhauer im Unrecht, wenn er aus der Methode seiner eigenen Philosophie einen Einwand hernimmt gegen Kant's Grundgedanken einer in Erkenntniss aus reiner Vernunft bestehenden Metaphysik als Wissenschaft von den Bedingungen der Erfahrung.

Kapitel II.
Der Grundgedanke der Kant'schen Ethik und Schopenhauer's Kritik desselben.

§ 1.

Gilt der Grundgedanke Kant's, wie wir ihn im vorigen Kapitel ausgesprochen haben, für seine gesammte Philosophie, so erstreckt sich damit seine Gültigkeit auch auf Kant's praktische Philosophie, auf seine Ethik. Denn diese bildet ein notwendiges Glied innerhalb des ganzen Systems der reinen Vernunft. Das System der reinen Vernunft, wie es auf dem Grunde der Kritik der reinen Vernunft sich aufbaut als deren systematische Vollendung und Ausführung, gliedert sich eben in die Metaphysik der Natur, deren Gegenstand die Natur oder alles, was da ist, bildet, und die Metaphysik der Sitten oder die reine Morallehre, die zum Gegenstande die Freiheit hat oder alles, was da sein soll. Beschränken wir unser Augenmerk auf die letztere, auf die Morallehre, so wird also auch diese, wie die Kritik und das System der reinen Vernunft überhaupt, in Kant's Sinne durchaus eine apriorische Wissenschaft sein müssen, die alle Belehrung durch Empirie grundsätzlich von sich abweist, in dem Sinne, wie wir diese Abweisung der Erfahrung oben (Kap. I, § 3) erörtert haben. Die Moralphilosophie, wie Kant wiederholentlich einschärft, entlehnt nicht das Mindeste weder aus der Kenntniss von der besonderen Naturanlage des Menschen (der Anthropologie) noch aus der Einsicht in die Umstände der Welt (vgl. z B Grundl. p. 5; Met. d. S. p. 15; al.), sondern das Moralgesetz ist ein synthetischer Satz a priori, der als solcher seine Quelle in reiner Vernunft hat.¹) Drücken wir denselben Gedanken statt in Kant'scher Sprache in einer uns näher liegenden Redeweise aus, so wollte Kant sagen: Die Ethik soll nicht aus der empirischen Psychologie und überhaupt nicht aus dem, was zu dem besonderen, zufälligen Inhalte des Bewusstseins gehört, begründet werden, sondern das Sittengesetz ist aus dem Begriffe der Vernunft oder allgemein dem Begriffe des (Menschen-) Bewusstseins, als ein Constituens dieses Begriffes ausmachend, abzuleiten. — In eben diesem Sinne sind auch die vielfachen Aeusserungen Kant's ²) zu verstehen, dass das Sittengesetz nicht bloss für den Menschen, sondern für „vernünftige Wesen überhaupt" gelten müsse. Man mag diesen Ausdruck mit Schopenhauer (Mor. p. 131 f.) als eine falsche Generalisation tadeln: aber auf die Aufstellung eines solchen besonderen Genus der vernünftigen Wesen (welches dann, wie Schopenhauer Kant unterschieben möchte, etwa auch die „lieben Engelein" mit befasste) kam es Kant gar nicht an. Nicht um das Genus, sondern um den Begriff³) des vernünftigen Wesens war es Kant zu tun. In dem Begriffe des vernünftigen Wesens, vernünftiger, bewusster Menschenexistenz, sollte der Grund der moralischen Gesetze

---

¹) In seiner vorkritischen Periode lehrte Kant noch das Gegenteil. Vgl. „Nachricht von der Einrichtung der Vorlesungen im Winterhalbenjahre 1765—66" (Bd. V, Abt. I) p. 106. Hier will er mit Shaftesbury, Hutcheson und Hume, deren Leistungen für die Ethik er lobend anerkennt, „in der Tugendlehre jederzeit dasjenige historisch und philosophisch erwägen, was geschieht, ehe er anzeigt, was geschehen soll", und will gerade „die Natur des Menschen" und „deren eigentümliche Stellung in der Schöpfung" studiren. Aber schon in der Schrift „De mundi sensibilis atque intelligibilis forma et principiis" (1770) werden die moralischen Begriffe nicht durch Erfahrung, sondern durch reine Vernunft erkannt („conceptus morales non experiundo, sed per ipsum intellectum purum cogniti". l. c. sectio II, § 7. Supplementband, Abt. II, p. 95; cf. ibid. § 9. p. 96).

²) Vgl. Grundl. pp. 5. 28, 29, 31 Anm. 1, 33. 35. 36, 43 Anm. 1. 49, 50. 52. 53, 56, 69, 76; Kr. pr. V. pp. 37. 38, 39, 40, 43, 98, 99, 102.

³) Vgl. z. B. Grundl. p. 33: Moralische Gesetze seien „aus dem allgemeinen Begriffe eines vernünftigen Wesens überhaupt" abzuleiten.

und der moralischen Verbindlichkeit aufgezeigt werden. — Hermann Cohen, der den Kant'schen Ausdruck „vernünftige Wesen überhaupt" in gleicher Weise deutet, verfällt nur in den Fehler, die Auslegung so auf die Spitze zu treiben, dass sie dadurch falsch wird. Die Abweisung dieses Fehlers kann dazu dienen, über die wahre Meinung Kant's, wie wir sie verstehen, deutlicheres Licht zu verbreiten. Cohen meint[1]): indem Kant seine Ethik aus dem Begriffe des vernünftigen Wesens begründe, so erscheine dadurch das Sittliche „höher gestellt über alles Menschliche"; und dies führe dann weiter auf den Gedanken, „dass, wenn Menschen nicht wären, doch das Sittliche sein müsste; gleichwie — wenn nicht gar in höherem Grade — Sein von uns für den Fall selbst gedacht werden muss, dass Menschen nicht da wären, die es anschaueten und dächten". Halten wir uns zunächst an die letzten Worte: Sein soll von uns gedacht werden müssen, auch wenn keine Menschen da wären, die es dächten! Also wir sollen etwas denken müssen und dabei von uns selbst als den Denkenden absehen! Wie Cohen für seine Person das Kunststück fertig bringt, etwas zu denken (wenn er es sich auch als unerkennbar denken will), ohne dabei doch seine eigene als des Denkenden Existenz heimlich mitzudenken und vorauszusetzen, können wir nicht erraten: andere Sterbliche dürften hier nichts als einen blanken Widerspruch sehen. Oder sollte Cohen vielleicht nur an die „Binsenwahrheit" gedacht haben, dass wir uns doch die Welt auch schon als existirt habend denken müssen, ehe Menschen und wir selbst auf ihr vorhanden waren, und dass wir nicht meinen, mit unserem eigenen Tode höre auch die Welt auf zu existiren? Aber wenn wir solche vor oder nach unserem eigenen Bewusstsein vorhandene Existenz uns denken, so können wir doch dieselbe nur denken,

---

[1]) Hermann Cohen, Kant's Begründung der Ethik. Berlin 1877. p. 139 und 140.

weil wir selbst jetzt eben als denkend und bewusst vorhanden sind, so erschliessen wir jene Existenz doch nur unter der gegebenen Bedingung unseres bewussten Denkens, und der ganze Begriff jener Existenz enthält nichts, was nicht mit den Mitteln unseres bekannten Bewusstseinsinhaltes geleistet würde. Der Begriff jeglicher Existenz, die wir nicht mit blossen Worten behaupten wollen, hat zu seiner unerlässlichen Voraussetzung die Existenz des bewussten Ich. Ohne (denkendes) Subject kein (gedachtes) Object. Cohen freilich hält (a. a. O.) den Gedanken, „dass ohne das Subject auch das Object nicht denkbar bleibe", für „Wahnwitz"! — Cohens Irrtum ist, nicht zu sehen, dass mit Setzung der Bedingung „wenn Menschen, deutlicher, wenn Menschenbewusstsein nicht wäre" sofort sämmtliches Denken, sämmtliches Bewusstsein mitsammt seinem Inhalt zu Ende ist. Der Abhängigkeit von der Grundbedingung „sofern Menschenbewusstsein möglich sein soll" können wir nie und nirgends und durch keine Anstrengung der Speculation uns entwinden. Auch das, was als das Gewisseste, als das schlechthin und ursprünglich Notwendige von uns erkannt wird, hat doch immer diese selbstverständliche Bedingung zum Untergrunde. Es unterscheidet sich nur dadurch von anderen Erkenntnissen, dass es allein und vollständig aus dieser Einen Bedingung begriffen wird, während andere Notwendigkeit (wie z. B die Notwendigkeit der einzelnen Naturgesetze) erst aus jener ursprünglichen Notwendigkeit herfliesst und inhaltlich durch die besondere Erfahrung bestimmt wird. Das Causalitäts- und Identitätsgesetz, die Anschauungen des Raumes und der Zeit, die räumliche und zeitliche Beschaffenheit der Sinnesdata sind in solcher Weise unmittelbar an die Bedingung geknüpft „wofern menschliches Bewusstsein denkbar sein soll", oder, was dasselbe sagt, sie sind selbst die unvermeidlichen Bedingungen bewussten Menschendaseins, ja, man kann fast sagen, sie sind das Bewusstsein (speciell das erkennende Bewusstsein) selbst, und darum dürfen sie auch unbedingte Gültigkeit und absolute Notwendigkeit für den gesammten Inhalt jedes Bewusstseins für sich in Anspruch nehmen. Wem dies Absolute doch noch zu relativ erscheinen will, der möge bedenken, dass es ein anderes Absolutes, als das, dessen Gültigkeit unmittelbar an den Begriff möglichen Bewusstseins geknüpft ist, nicht giebt. Dies ist auch die Lehre Kant's. Seine kritische Untersuchung richtet sich ja darauf, die Bedingungen und constitutiven Momente des Bewusstseins aufzufinden; und indem diese Bewusstseinsmomente eben als solche aufgezeigt werden, indem der Nachweis geführt wird (in der transscendentalen Deduction), dass Denken und Bewusstsein ohne dieselben überhaupt nicht möglich ist, so ist eben zugleich damit ihre Notwendigkeit und Allgemeingültigkeit dargetan. Nicht unter Abstraction von aller bewussten Menschenexistenz werden jene Momente hingestellt, sondern gerade an das menschliche Bewusstsein werden sie angeknüpft, freilich nicht an den besonderen Inhalt des Bewusstseins, sondern an den Begriff des Bewusstseins als solchen.

Können wir von der Bedingung „sofern Menschenbewusstsein möglich sein soll" überhaupt nie loskommen, so gilt diese Bedingung natürlich auch für das Sittliche. Auch das Sittliche kann nicht „höher gestellt über alles Menschliche" erscheinen und etwa noch Bestand und Sinn haben auch für den Fall, dass Menschen nicht wären. Solches hat auch Kant nicht gelehrt. Er begründet auch das Sittliche nicht unter Abstraction von allem Menschenbewusstsein — hierdurch wäre jeder Begründung der Boden entzogen — sondern er begründet es aus dem Begriffe des Bewusstseins selbst als in demselben unvermeidlich mitenthalten. Nur die „besondere Naturanlage der Menschheit" lehnt er als Quelle der Moral ab, keineswegs aber den Begriff des Bewusstseins als solchen, den Begriff der reinen Vernunft nach seinem Terminus. Und wenn man unter der Natur des Menschen nicht die besonderen, zufälligen und erst empirisch erkennbaren Eigenschaften der Menschen, sondern das, was zu dem Begriffe der Menschennatur gehört, verstehen will, so würde auch Kant sicher nichts dagegen haben, wenn man die Ethik aus dieser Natur des Menschen begründen wollte. Wird so in dem Begriffe des Bewusstseins oder der Vernunft selbst der Grund der moralischen Wertschätzung gefunden, so ist damit dieser die allerfesteste Stütze verschafft: sofern es Menschenexistenz geben soll und giebt, sofern giebt es nun auch ein Princip des Sittlichen, dem also absolute Geltung (d. i. Notwendigkeit und Allgemeingültigkeit) in dem Sinne, wie solche nur überhaupt ausgesagt werden kann, zukommt.

Hier entsprechen sich die theoretische und die praktische Philosophie Kant's auf das genaueste. Die theoretische Philosophie suchte die Bedingungen möglicher Erkenntniss in dem Begriffe des Bewusstseins nachzuweisen und hatte mit dieser Nachweisung zugleich die objective Gültigkeit der gefundenen bedingenden Momente dargetan. Die praktische Philosophie findet ebenfalls in dem Begriffe des Bewusstseins auch die Principien der sittlichen Wertschätzung, und ihnen ist durch den Nachweis dieses ihres Ursprungsortes in gleich unanfechtbarer Weise ihre Allgemeingültigkeit und Notwendigkeit verbürgt.

Aus allem ist die Grundtendenz der Kant'schen Morallehre klar: durch Ableitung der Ethik aus dem Begriffe des Bewusstseins ihr eine absolut sichere Basis zu verschaffen, ihre absolute Notwendigkeit und Allgemeingültigkeit unumstösslich sicher zu stellen. Man hat als den Grundcharakter der Kant'schen Ethik wol bezeichnet ihre Reinheit von allem Eudämonismus oder auch ihren sogenannten Formalismus. Aber beides, die Verurteilung des Eudämonismus, wie die Betonung des formalen Charakters des Sittengesetzes, dient wesentlich nur dem Zwecke, jenen absolut sicheren Baugrund für die Ethik herzustellen, was durchaus die Hauptsache und das leitende Motiv für Kant's ethische Untersuchungen blieb ¹).

§ 2.

Und in jenem Grundgedanken der Kant'schen Ethik werden wir weiter auch den wertvollen und bleibenden Kern derselben erblicken müssen — dem gegenüber freilich fast die ganze specielle Ausführung jenes Grundgedankens sich nur als wertlose und vergängliche Schale erweist. — In ähnlicher Weise ist auch die theoretische Philosophie Kant's weitaus vorzüglicher in der Aufstellung ihres weittragenden Grundgedankens und in dem, was unmittelbar zu dessen Klarstellung gehört, als in der Ausgestaltung desselben im einzelnen.

Die specielle Ausführung der Kant'schen Ethik ist nach unserem Urteile im ganzen durchaus ungenügend und dient

---

¹) Das wird besonders deutlich bei Kant's Erörterungen darüber, dass praktische Principien keine materialen Bestimmungsgründe des Willens, also kein Gefühl der Lust oder Unlust als Triebfedern des Handelns, voraussetzen dürfen. Denn der Grund, weshalb das Gefühl der Lust oder Unlust als Grundlage der Ethik abgelehnt wird, ist stets der, dass dem Gefühle keine Notwendigkeit und Allgemeingültigkeit zukomme. Aus der Abweisung der materialen Bestimmungsgründe des Willens aber folgt für Kant unmittelbar die formale Natur der allgemeinen praktischen Gesetze. —

Das Sittengesetz hat nach Kant's Sinne absolut sichere Geltung. Demnach können wir es nicht für Kantisch halten, wenn Cohen (Kant's Begründung der Ethik. p. 226) der Ansicht ist, die Möglichkeit des Sittengesetzes, welche gänzlich auf dem regulativen Gebrauch der Freiheitsidee beruhe (vgl. a. a. O. pp. 88, 112, 197 und das ganze dritte Kapitel des zweiten Teils, p. 199 ff.), werde, indem wir die Freiheit als noumenale Idee denken, damit „an die Grenzen der Erfahrung" gesetzt. Denn hiermit ist tatsächlich auch dem Sittengesetze, entgegen Kant's Meinung, nur eine noumenale, problematische Geltung beigelegt. Es macht den Boden der Ethik nicht fester, wenn p. 227 behauptet wird, der problematische Grenzbegriff der Freiheit und damit also auch die Ethik komme ja nicht von ungefähr, sondern sei durch die Erfahrung selbst behufs Deckung des „Abgrundes der intelligibeln Zufälligkeit" gefordert. Denn die bloss problematische Natur wird auch hierdurch nicht aufgehoben. — Auch sonst erscheint in der Cohen'schen Darstellung das Sittengesetz nicht voll mit derjenigen Realität ausgestattet, welche ihm bei Kant selbst zukommt.

mehr dazu, den werthvollen Grundgedanken durch schwerfällige Einkleidungen und teilweis oberflächliche und selbst sophistische Begründungen [1]) zu verdunkeln und abzuschwächen, als ihn in das ihm gebührende Licht zu stellen. Die Schuld hiervon liegt vornehmlich darin, dass Kant selbst den Grundgedanken seiner Ethik, wie wir ihn ausgesprochen haben und wie er ihm unzweifelhaft vorschwebte, nicht rein und scharf genug festzuhalten gewusst hat. So findet er denn tatsächlich das Princip der unvermeidlichen sittlichen Wertschätzung nicht so ganz unmittelbar in dem Begriffe des Bewusstseins, wie es nach unserem Dafürhalten geschehen müsste, sondern die Anknüpfung der Ethik an den Begriff des Bewusstseins oder der reinen Vernunft geschieht durch Vermittlung des Begriffes der transscendentalen Freiheit. Die Kritik der speculativen Vernunft führt zu dem Begriffe der transscendentalen Freiheit und seiner ihm eigentümlichen problematischen Geltung, und erst diese transscendentale Freiheit, nicht unmittelbar der Begriff des Bewusstseins als solchen, bietet den Seinsgrund für das moralische Gesetz, ohne welchen dieses „gar nicht in uns anzutreffen" sein würde. Hierdurch wird zwar die Begründung der Ethik in eine besonders enge Verknüpfung mit den Resultaten der Kritik der reinen Vernunft oder der Erkenntnisstheorie gerückt, sodass man die Ethik Kant's mit Recht als eine erkenntnisstheoretische bezeichnen kann; zugleich aber gerät eben dadurch das Fundament der Ethik in ein sehr bedenkliches Schwanken. Denn auf dem Stehen oder Fallen des Begriffes der transscendentalen Freiheit beruht nun das Heil der ganzen Kant'schen Ethik. Wem etwa der Begriff der transscendentalen Freiheit unhaltbar und in sich selbst widersprechend erscheint, für den ist damit der ganzen Ethik Kant's bis auf

---

[1]) Dies trifft namentlich auch die zur Erläuterung des kategorischen Imperativs von Kant angeführten Beispiele. Vgl. unten Kap. IV. § 7.

jenen oben hervorgehobenen Grundgedanken das Urteil gesprochen.

§ 3.

Fassen wir nun Schopenhauer's allgemeine Einwände gegen jenen Grundgedanken der Kant'schen Ethik ins Auge. Schopenhauer hatte die Apriorität der gesammten Kant'schen Metaphysik, des gesammten Systems der reinen Vernunft, getadelt. Er wird demnach consequenterweise auch gegen die apriorische Ableitung der Ethik durch Kant zu Felde ziehen müssen. Und in der Tat macht er dieser die apriorische Begründung teils direct zum Vorwurf, teils polemisirt er indirect gegen sie durch die Methode seiner eigenen, ihrer Absicht nach auf empirischem Wege gewonnenen und von allen „apriorischen Seifenblasen" (Mor. p. 205) sich rein haltenden Ethik. Der Ethiker soll sich nach ihm — ganz analog wie der Metaphysiker mit der Lösung des Rätsels der Welt aus dem Verständniss der Welt selbst — begnügen mit Erklärung und Deutung des wirklich Geschehenden, specieller mit Deutung der verschiedenen Handlungsweisen der Menschen, um sie auf ihren letzten Grund zurückzuführen (Mor. p. 120 und 195; Welt I, p. 321). Werden dagegen reine Begriffe a priori, die noch gar keinen Inhalt haben, also pure Schale ohne Kern seien, zur Grundlage der Moral gemacht, so werde dadurch das menschliche Bewusstsein sowol, als auch die ganze Aussenwelt, sammt aller Erfahrung und Tatsachen in ihnen, unter unsern Füssen weggezogen, und wir haben nichts, worauf wir stehen (Mor. p. 130). Hier ersehen wir also den Grund von Schopenhauer's Einwand gegen die apriorische Begründung der Moral: er fürchtete — gerade wie bei Gelegenheit seiner Einwendungen gegen eine apriorische Metaphysik überhaupt —, dass die Quellen äusserer und innerer Erfahrung und dami alle Erkenntnissquellen zugestopft werden möchten. Wir haben uns über den Sinn der Abweisung der Erfahrung von der apriorischen Erkenntniss überhaupt bereits oben (Kap. I, § 3) ausgesprochen, und speciell für die apriorische Begründung der Ethik können wir uns auf die Auseinandersetzungen des § 1 dieses Kapitels berufen. Wir sahen, dass gerade das menschliche Bewusstsein und alles, was zu seinem Begriffe gehört, die Basis für die Begründung der Ethik in Kant's Sinne darbietet, eine Basis, auf der man sehr wol stehen kann. — Es scheint fast, als wenn Schopenhauer hier und bei seinem Einwand gegen die apriorische Begründung der Kant'schen Metaphysik im allgemeinen sich gar nicht recht klar darüber geworden wäre, worin eigentlich das Wesen apriorischer Erkenntnisse bestehe. Sonst hätte er nicht die Ableitung aus dem Begriffe des concreten Bewusstseins für eine Ableitung aus „völlig stofflosen" und „gänzlich in der Luft schwebenden" Begriffen (Mor. p. 130) ansehen können.

Nicht immer übrigens urteilt Schopenhauer gleich verwerfend über Kant's apriorische und von aller Empirie rein gehaltene Begründung der Ethik. Nach p. 620 des ersten Bandes seines Hauptwerkes besteht sogar Kant's „grosses Verdienst um die Ethik" gerade darin, „dass er die Ethik von allen Principien der Erfahrungswelt, namentlich von aller directen und indirecten Glückseligkeitslehre frei gemacht und ganz eigentlich gezeigt hat, dass das Reich der Tugend nicht von dieser Welt sei." Der Widerspruch mit den zuerst angeführten Stellen ist offenbar. Schopenhauer scheint bei der zuletzt citirten Aeusserung besonders auch Kant's Lehre vom intelligibeln Charakter und vom Zusammenbestehen der Freiheit mit der Notwendigkeit, die er selbst durchaus billigt und rühmt, im Auge gehabt zu haben. (Im weiteren Zusammenhange der Stelle wird freilich nur von der Abweisung der Glückseligkeit von der Ethik gesprochen.) Natürlich wird hierdurch der Widerspruch nicht aufgehoben. Denn erst wird es scharf getadelt, wenn die Ethik nicht durchweg auf empirischem Wege vorschreite, und nachher wird doch das Verlassen der Empirie ihr zum Verdienste angerechnet.

Genau dieselbe Inconsequenz findet sich in der Methode von Schopenhauer's eigener Moraltheorie wieder. Im Beginne wird nachdrücklichst die empirische Methode betont. Zur Auffindung des Fundaments der Moral führe kein anderer Weg, als der empirische, nämlich zu untersuchen, ob es überhaupt Handlungen giebt, denen wir echten moralischen Wert zuerkennen müssen, das seien Handlungen freiwilliger Gerechtigkeit, reiner Menschenliebe und wirklichen Edelmuts (Mor. p. 195). Diese empirische Frage lasse sich zwar nicht ganz rein empirisch entscheiden, weil in der Erfahrung allemal nur die Tat, aber nicht die Antriebe zu ihr gegeben seien. Indessen wird es doch als zugestanden angenommen, dass solche echt moralischen Handlungen wirklich vorkommen (Mor. p. 203). Der empirische Weg wird also hiermit nicht aufgegeben. Das Kriterium solcher Handlungen vom moralischem Werte liege in der Abwesenheit aller egoistischen Motivation, aller Rücksich auf das eigene Wol oder Wehe (Mor. p. 204). Da nun weiter jede Handlung mit Rücksicht auf ein Wol oder Wehe, entweder das eigene oder das fremde, geschehe, diejenigen Handlungen aber, welche sich auf das eigene Wol oder Wehe beziehen, egoistisch und also unmoralisch seien, so könne die moralische Bedeutsamkeit einer Handlung nur liegen in ihrer Beziehung auf Andere, d. h. darin, dass die Handlung bloss zu Nutz und Frommen eines Andern geschehe oder unterbleibe (Mor. p. 205—207). Diese Beziehung einer Handlung auf Andere wird dann sofort identificirt mit dem Handeln aus Mitleid. Demnach sei das Mitleid die Quelle der moralischen Handlungen und also das ethische Urphänomen (Mor. p. 208 ff.). — Lassen wir hier die ganz willkürliche und völlig unzureichend begründete — weil nicht begründbare — Identificirung der

Beziehung einer Handlung auf das Wol oder Wehe eines Andern mit dem Vorgange des Mitleids bei Seite. Aber auch wenn wir diese Identificirung zugeben wollten, ist dann durch die ganze eben skizzirte Gedankenfolge (deren genauere Ausführung den Inhalt des dritten Abschnittes der Abhandlung über das Fundament der Moral bildet) schon irgend etwas für die Begründung oder Ableitung der Ethik geleistet? Ist etwas Anderes geschehen, als dass versucht worden ist, die Tatsache der Moralität, das Was der Ethik, genauer zu bestimmen, eben als Mitleid? Die unzweifelhaft vorkommenden moralischen Handlungen sind die unegoistischen, d. h. diejenigen, welche fremdes Wol bezwecken, und diese Beziehung auf ein fremdes Wol ist eben Mitleid — weiter ist nichts gesagt worden. Wie aber ist das Mitleid selbst, das doch hier nur als Tatsache behandelt ist, zu erklären und also zu dem Was der Ethik das Warum zu finden?

Indem Schopenhauer hierauf die Antwort giebt (in dem IV. Abschnitt der Abhandlung über das Fundament der Moral: Zur metaphysischen Auslegung des ethischen Urphänomens, verglichen mit Buch IV der Welt als Wille und Vorstellung), verlässt er völlig die empirische Basis (vgl. Mor. § 22 zu Anfang). Seine Erklärung des Warum der Ethik beruht gänzlich auf seiner transscendenten Metaphysik. Das Mitleid, „das grosse Mysterium der Ethik" (Mor. p 209 u. ö.), hat nach ihm sein Wesen darin, dass der Mitleidige „weniger als die Uebrigen einen Unterschied zwischen sich und Andern macht" (Mor. p. 265), dass er in dem andern Individuum „unmittelbar sich selbst, sein eigenes wahres Wesen wiedererkennt" (Mor. p. 270). Diese in dem Vorgange des Mitleids stattfindende Aufhebung der Kluft zwischen den einzelnen Individuen ist aber dadurch möglich, dass alle Vielheit, als auf Raum und Zeit, d. i. dem nur der Welt der Erscheinung eignenden principium individuationis beruhend, dem Ding an sich oder dem wahren, Einen und mit sich identischen Wesen der Welt fremd ist. Der Mitleidige oder der moralisch Gute durchschaut unmittelbar die bloss der Erscheinung angehörende Vielheit der Individuen und spricht durch seine Tat die Erkenntniss aus, dass im Grunde wir alle Eins und dasselbe Wesen sind (Mor. p. 267 ff.). — Eine Kritik dieser Gedanken braucht hier nicht unternommen zu werden. Mittelbar ist eine solche, da die Ethik Schopenhauer's vollständig von seiner Metaphysik abhängig ist, schon mitenthalten in dem, was wir in § 5 des vorigen Kapitels über die Methode der letzteren bemerkt haben [1]). — Jedenfalls also wird die Schopenhauer'sche Ethik in ihrer Begründung (welch letztere für jede Ethik die Hauptsache ist) transscendent oder metaphysisch im schlechten Sinne.

---

[1]) Die Gründe, welche Schopenhauer's Metaphysik vernichten, treffe zugleich seine Begründung der Ethik. Aber auch wenn man seine Metaphysik annehmen wollte, so würde consequenterweise gerade aus ihr sich überhaupt keine Ethik ergeben können, weil sie vielmehr eine Antiethik zur notwendigen Folge haben müsste. Denn ist das Nichtsein dem Sein vorzuziehen und die Verneinung des Willens besser als seine Bejahung, so ist natürlich alles dasjenige das eigentlich Schätzens- und Begehrenswerte, was dazu dienen kann die Verneinung des Willens herbeizuführen. Nun ist aber nach Schopenhauers of ausgesprochener Lehre (vgl. z. B. Welt II, p. 728 und 720) nichts geeigneter den Menschen zur Verneinung des Willens vorzubereiten und hinzuleiten, als das Leiden. Demnach kann es vom höchsten Standpunkte aus, d. i. von dem Standpunkte der Verneinung des Willens, nur äusserst moralisch sein, das Leiden, sowo das eigene als das fremde, auf alle nur mögliche Weisen (namentlich als auch durch Laster und Verbrechen, die zu dem Zwecke am besten geeignet wären zu befördern und zu vermehren, um hierdurch sich und die Andern zur „Erlösung" durch die Verneinung des Willens hinzuführen. Wer es also recht gut mit seinen Nebenmenschen meinte, d. h., in Schopenhauer'schen Begriffe zu reden, wer recht viel Mitleid mit seinen Nebenmenschen verspürte, de würde aus purem Mitleid darauf ausgehen müssen, den Anderen das Lebe so quaalvoll und unbehaglich wie nur möglich zu machen, damit sie desto ehe zur „Heiligung" und zur Verneinung des Willens gelangten. Eine solch „Ethik" wäre die wahre Consequenz Schopenhauer'scher Metaphysik! Ei Gedanke, der sich auch ausgesprochen findet bei Georg v. Gizycki, D Ethik David Hume's in ihrer geschichtlichen Stellung, Breslau 1878, im A hange p. 283 f., und bei Eduard v. Hartmann, Phänomenologie des sit lichen Bewusstseins, Berlin 1879, p. 43—45. — Wie der Schopenhauerianismu so macht jeder Pessimismus consequenterweise eine Ethik absolut unmöglic

Die von Schopenhauer gegen Kant's apriorische Begründung der Ethik teils direct teils indirect geübte Polemik verläuft demnach ganz gleich seinem Angriff auf Kant's Metaphysik überhaupt. Zuerst wird gegen die apriorische Methode der Einwand erhoben, der auf einem gänzlichen Missverstehen derselben beruht, als wenn durch sie jeder sichere Erkenntnissgrund aufgehoben werde; und ihr gegenüber wird auf die empirische Methode als die einzig zum Ziele führende hingewiesen. Diesen empirischen Weg schlägt denn auch Schopenhauer wirklich anfangs ein, verlässt ihn aber sehr bald, und gerade da, wo es sich um die Hauptsache handelt, zu Gunsten nicht etwa des wahren apriorischen Verfahrens, sondern zu Gunsten einer rein metaphysischen, d. h. transscendenten Speculation, welche die ganze zermalmende Wucht der Grundgedanken des Kant'schen Kriticismus gegen sich hat. —

So viel über die allgemeinen Einwände, die Schopenhauer gegen Kant's Philosophie überhaupt und seine Ethik im besonderen erhebt. Ehe wir uns nunmehr dazu wenden, den Ausgangspunkt der Kant'schen Ethik und Schopenhauer's Ausstellungen an demselben näher zu beleuchten, haben wir, gemäss unserem am Schlusse der Einleitung angedeuteten Plane, einmal zu prüfen (in Kap. III), mit welchem Rechte Schopenhauer für seine Kritik der Kant'schen Ethik in erster Linie die „Grundlegung zur Metaphysik der Sitten" berücksichtigt hat (wobei wir überhaupt das Verhältniss zwischen „Grundlegung" und „Kritik der praktischen Vernunft" zu erörtern haben) und haben sodann (in Kap. IV) eine Skizzirung der Hauptpunkte der Kant'schen Ethik zu versuchen.

Kapitel III.

Kant's Schriften zur Ethik. Gegenseitiges Verhältniss der „Grundlegung zur Metaphysik der Sitten" und der „Kritik der praktischen Vernunft."

§ 1.

Die Schriften, in denen Kant seine Ethik dargelegt hat, sind, wenn wir von einzelnen kleineren Abhandlungen über ethische Fragen absehen, die „Grundlegung zur Metaphysik der Sitten" (1785), die „Kritik der praktischen Vernunft" (1788) und die „Metaphysik der Sitten" (1797) (enthaltend in Teil I die „Metaphysischen Anfangsgründe der Rechtslehre" und in Teil II die „Metaphysischen Anfangsgründe der Tugendlehre"). Das zuletzt genannte Werk bietet die specielle systematische Ausführung und Anwendung der Kant'schen Ethik. Da es für eine Kritik der Kant'schen Ethik natürlich weniger auf die besondere Ausführung derselben, als auf ihre Grundlegung ankommt, so ist es nur zu billigen, dass Schopenhauer bei seiner Kritik dies Werk, das überdies auch inhaltlich, namentlich in seinem ersten Teile, den beiden andern nicht ebenbürtig zur Seite zu stellen ist, nur sehr nebensächlich in Betracht nimmt. Fraglich aber kann es erscheinen, ob Schopenhauer recht daran getan hat, von den beiden andern Werken, welche die eigentliche Begründung der Ethik zum Gegenstande haben, gerade der „Grundlegung" den Vorzug zu geben. Wie verhalten sich überhaupt die „Grundlegung" und die „Kritik der praktischen Vernunft" zu einander?

§ 2.

Nach Schopenhauer (Mor. p. 119; vgl. auch ib. p. 144) enthalten beide im wesentlichen dasselbe; nur zeichne sich die „Grundlegung" durch eine concisere und strengere Form aus, während die weniger methodische „Kritik der praktischen Vernunft" an allzu grosser Breite der Darstellung leide und schon den nachteiligen Einfluss des Alters auf Kant's Geist merken lasse. Diesem Urteile vermögen wir nicht beizustimmen; vielmehr scheint uns in Bezug auf Schärfe und Klarheit der Darstellung eher die „Kritik" den Vorrang zu verdienen.

Wichtiger wäre ein Unterschied rücksichtlich des Inhalts. Die „Kritik der praktischen Vernunft" allein bietet, was die „Grundlegung" nicht enthält, neben der Analytik auch die Dialektik der reinen praktischen Vernunft: die Lehre vom höchsten Gute als der „unbedingten Totalität des Gegenstandes der reinen praktischen Vernunft" (Kr. pr. V. p. 130) und den um seinetwillen anzunehmenden Postulaten. Man kann vielleicht, Kant verbessernd, die Lehre vom höchsten Gute und den Postulaten aus seiner Ethik entfernen, indem man, wie Cohen[1] versucht hat, als den Gegenstand des Sittengesetzes (den dasselbe, um auf das menschliche Wollen anwendbar zu werden, unumgänglich haben muss) hinstellt nicht mit Kant das höchste Gut als die Vereinigung der Glückswürdigkeit mit der Glückseligkeit, also etwas (wegen der letzteren) ausserhalb des bloss formalen Sittengesetzes Gelegenes, in ihm selbst noch nicht Enthaltenes, sondern indem man das Sittengesetz selbst, die Gemeinschaft autonomer Wesen in einem Reiche der Zwecke, auch den Gegenstand des Sittengesetzes oder das wahre höchste Gut sein lässt. Damit ist aber doch nicht Kant's eigentliche und ursprüngliche Meinung getroffen, nach

---

[1] Hermann Cohen. Kant's Begründung der Ethik, dritter Teil. Kapitel 2: Die Glückseligkeit des höchsten Gutes und die Postulate; besonders daselbst p. 307 - 317.

welcher vielmehr die Beförderung des höchsten Gutes „mit dem moralischen Gesetze unzertrennlich zusammenhängt", sodass, wenn das höchste Gut unmöglich wäre, „auch das moralische Gesetz, welches gebietet, dasselbe zu befördern, phantastisch und auf leere, eingebildete Begriffe gestellt, mithin an sich falsch sein" müsste (Kr. pr. V. p. 137). Die Lehre vom höchsten Gute und den Postulaten gehört nach Kant's Absicht wesentlich mit zu seiner Ethik. Es hätte also schon deswegen nicht angemessen erscheinen sollen, als Quelle der Kant'schen Ethik vorwiegend die „Grundlegung", welche jene Lehre nicht enthält, zu benutzen.

Auch innerhalb der Analytik selbst ist die „Kritik der praktischen Vernunft" ausführlicher und inhaltsreicher als die „Grundlegung". So ist die ganze Erörterung über die „Typik der reinen praktischen Vernunft" in der „Kritik" neu hinzugekommen, und manches Einzelne hat eine genauere und eingehendere Darstellung gefunden. Dieser Unterschied wird von Schopenhauer nicht ausdrücklich beachtet, während er auf den vorhin genannten selbst aufmerksam macht.

Nur in Einem Punkte bietet die „Grundlegung" mehr als die „Kritik". Die mehreren Formulirungen des kategorischen Inperativs neben seiner ursprünglichen Fassung sind nur in der „Grundlegung" aufgeführt und entwickelt und fehlen in der „Kritik".

Der „Kritik der praktischen Vernunft" ist nach Schopenhauer noch eigentümlich die Darstellung des Verhältnisses zwischen Freiheit und Notwendigkeit. In diesem Punkte können wir indessen keinen wesentlichen Unterschied zwischen „Kritik" und „Grundlegung" entdecken. Denn auch die letztere behandelt von p. 79 bis zum Schlusse ganz dieselbe Frage und durchaus in demselben Sinne, wie die „Kritik der praktischen Vernunft". (Man vergleiche z. B. „Grundlegung" p. 82 oben oder p. 86—87 mit „Kritik" p. 114 unten oder p. 117.) In beiden Schriften wird der scheinbare Widerspruch zwischen Freiheit und Notwendigkeit übereinstimmend dadurch gelöst, dass Naturnotwendigkeit der Erscheinung, Freiheit aber eben demselben Wesen als Ding an sich beigelegt wird.

§ 3.

Man hat das Verhältniss zwischen der „Grundlegung" und der „Kritik der praktischen Vernunft" auch so aufgefasst, als ob beide Schriften verschiedene Seiten der Kant'schen Ethik darstellten, die sich gegenseitig erst zu dem vollständigen Bilde derselben ergänzten. So findet Ed. Erdmann [1]), dass die „Grundlegung" das Gesetz des sittlichen Handelns und die „Kritik" das Vermögen dazu betrachte; und Kuno Fischer [2]) vertritt dieselbe Meinung in ausführlicherer Weise. Die „Grundlegung" (so lehrt Kuno Fischer) untersuche und stelle fest das moralische Gesetz nach seinem Inhalte (d. i. den kategorischen Imperativ). Nachdem dies geschehen, handle es sich weiter um die Frage, wie jenes Gesetz möglich sei, d. h. um das dem Gesetz entsprechende moralische Vernunftvermögen (d. i. das Vermögen der Freiheit). Letzteres werde untersucht und dargetan in der „Kritik der praktischen Vernunft". — Von einer solchen gegenseitigen Abgrenzung der Aufgaben der „Grundlegung" und der „Kritik" ist aber in den Werken selbst nichts zu verspüren. Beide behandeln vielmehr sowol den Inhalt oder das Gesetz, als auch das Vermögen des moralischen Handelns. Der ganze dritte Abschnitt der „Grundlegung" handelt doch durchweg von der Freiheit, wiefern sie den kategorischen Imperativ und also die Moralität möglich mache. Und andererseits giebt die „Kritik" in ihren ersten Paragraphen eine genügende Auseinandersetzung über

---

[1]) Eduard Erdmann, Grundriss der Geschichte der Philosophie. Bd. II, 2. Aufl., Berlin 1870, p. 329.
[2]) Kuno Fischer, Geschichte der neuern Philosophie, Bd. IV, 2. Aufl., Heidelberg 1869. p. 82—85; p. 119—120.

den Inhalt des Sittengesetzes. Den Schein, als ob die „Grundlegung" ausschliesslich das Gesetz, die „Kritik" ausschliesslich das Vermögen der Moralität zum Gegenstande habe, gelingt es Kuno Fischer auch nur dadurch für seine Darstellung der Kant'schen Ethik festzuhalten, dass er, wie seine unter dem Texte gegebenen Citate ausweisen, von der Grundlegung das Ende, soweit darin die Freiheit als das Vermögen der Moralität, und von der „Kritik" den Anfang, soweit darin das Gesetz der Moralität erörtert wird, entweder gar nicht oder im Vergleich zu den andern Stellen beider Schriften höchst dürftig berücksichtigt, sich also die Kant'schen Schriften für seinen Privatgebrauch erst zurechtschneidet.

§ 4.

Hermann Cohen [1]) findet zwischen der „Grundlegung" und der „Kritik" vier verschiedene Unterschiede, die wir gleichfalls nicht als wesentlich anerkennen können. Die ersten drei der von ihm angeführten Unterschiede kommen darin zusammen, dass die „Grundlegung" den Begriff des **guten Willens**, von dem sie ausgehe, in den der **Pflicht** überführe und weiterhin die Pflicht auf reine **Achtung** gründe, während in der „Kritik" dieser Ausgang von dem Begriffe der Pflicht nicht gemacht und damit überhaupt die Vermischung mit **psychologischen** Erklärungen vermieden werde. Dies begründet aber durchaus keinen wesentlichen Unterschied zwischen beiden Darstellungen. Die „Grundlegung" nimmt ja nur deshalb den Begriff der Pflicht zum Ausgangspunkt, weil an ihm sich am besten der Begriff des guten Willens, als in jenem enthalten, entwickeln lasse. Ausdrücklich sagt Kant (Grundl. p. 14): „Um aber den Begriff eines an sich selbst hochzuschätzenden und ohne weitere Absicht guten Willens . . zu entwickeln, wollen wir den Begriff der Pflicht vor uns

---

[1]) Cohen, Kant's Begründung der Ethik. p. 189 ff.

nehmen, der den eines guten Willens, obzwar unter gewissen
subjectiven Einschränkungen und Hindernissen, enthält, die
aber doch, weit gefehlt, dass sie ihn verstecken und unkennt-
lich machen sollten, ihn vielmehr durch Abstechung heben
und desto heller hervorscheinen lassen". Und die weiteren Auseinandersetzungen über den Pflichtbegriff in der „Grundlegung"
(a. a. O. ff.) stimmen durchaus mit den entsprechenden Bestimmungen der „Kritik" (Kr. pr. V. p. 37; p. 97 ff.) überein.
Speciell aber über die Achtung lehren „Kritik" und „Grundlegung" ebenfalls ganz dasselbe. Die Anmerkung über die
Achtung in der „Grundlegung" (p. 19 f.) sagt Gedanke für
Gedanke genau das Gleiche, was, nur weit ausführlicher und
deutlicher, in dem Abschnitte der „Kritik" „Von den Triebfedern der reinen praktischen Vernunft" (besonders p. 88—97)
über die Achtung vorgetragen wird. Beidemale ist die Achtung
die Wirkung des moralischen Gesetzes auf das Gemüt; sie ist
so die einzige unbezweifelte moralische Triebfeder (vgl. Kr. pr.
V. p. 94), aber nicht in dem Sinne, als wenn sie erst die
Ursache des moralischen Gesetzes und der Sittlichkeit wäre,
sondern sie ist eigentlich „die Sittlichkeit selbst, subjectiv als
Triebfeder betrachtet" (Kr. pr. V. p. 91) [1]).

Den vierten Unterschied zwischen „Grundlegung" und
„Kritik" erblickt Cohen (a. a. O. p. 193 f.) darin, dass, während in der „Kritik" das praktische Princip von dem Naturgesetze unterschieden werde, die „Grundlegung" die Formel
aufstelle (Grundl. p. 44): „Handle so, als ob die Maxime

---

[1]) Bei dieser Fassung verschwindet der Widerspruch, der, wenn man
bloss auf die Worte Kant's sieht, zu bestehen scheint zwischen der zuletzt im
Text angeführten Stelle (Kr. pr. V. p. 91), wo es heisst: „Und so ist die
Achtung für's Gesetz nicht Triebfeder zur Sittlichkeit" und der Erklärung
auf p. 94: „Achtung für's moralische Gesetz ist also die einzige und zugleich
unbezweifelte moralische Triebfeder" oder auf p. 95: Achtung für's moralische
Gesetz muss „als subjectiver Grund der Tätigkeit, d. i. als Triebfeder zur
Befolgung derselben und als Grund zu Maximen eines ihm gemässen Lebens-
wandels angesehen werden."

deiner Handlung durch deinen Willen zum allgemeinen Naturgesetze werden sollte." „Dagegen" (so fährt Cohen wörtlich fort) „sagt die Kritik: "Die Vergleichung der Maxime seiner Handlungen mit einem allgemeinen Naturgesetze" (Kr. pr. V. p. 84) sei nicht der Bestimmungsgrund des Willens". Eine genauere Betrachtung lässt aber auch diesen Unterschied hinfällig erscheinen und ergiebt überdies, dass die von Cohen zur Erhärtung seiner Behauptung angeführte Stelle der „Kritik" bei Kant selbst einen etwas anderen Sinn und Zusammenhang hat, als Cohen in sie hineinlegt. Die Verschiedenheit von Naturgesetz und Sittengesetz wird von Kant nachdrücklichst eingeschärft, sowol in der „Kritik" wie in der „Grundlegung" Das Naturgesetz bezieht sich auf das, was geschieht, das Moralgesetz auf das, „was geschehen soll, ob es gleich niemals geschieht" (Grundl. p. 51). Dieser Unterschied kann also auch unmöglich aufgegeben sein, wenn Kant in der vorhin angeführten Stelle der „Grundlegung" (p. 44) dem kategorischen Imperativ eine Formel giebt, welche ihn in eine Beziehung zum allgemeinen Naturgesetze bringt. Nichts als die Form der Gesetzmässigkeit überhaupt, die Form der Allgemeinheit des Gesetzes, ist es, worin die Analogie zwischen Naturgesetz und praktischem Gesetze, welche zwei in allem Uebrigen toto coelo von einander getrennt bleiben, bestehen soll. „Weil die Allgemeinheit des Gesetzes, wonach Wirkungen geschehen, dasjenige ausmacht, was eigentlich Natur im allgemeinsten Verstande (der Form nach), d. i. das Dasein der Dinge heisst, sofern es nach allgemeinen Gesetzen bestimmt ist, so könnte der allgemeine Imperativ der Pflicht auch lauten: Handle so, als ob die Maxime deiner Handlung durch deinen Willen zum allgemeinen Naturgesetze werden sollte" (Grundl p. 44). Hiermit aber stimmt völlig überein die „Kritik der praktischen Vernunft" in der „Typik der reinen praktischen Vernunft", welche nach Cohen's Citat aus ihr (Kr. pr. V. p. 84) eine

Abweichung von jenen Gedanken der „Grundlegung" enthalten soll. Die „Typik" lehrt Folgendes: Damit das Gesetz der Freiheit und die übersinnliche Idee des Sittlichguten auf concrete Fälle, d. h. auf Begebenheiten, die in der Sinnenwelt geschehen, angewandt werden könne, bietet der Verstand oder genauer die Urteilskraft unter Gesetzen der reinen praktischen Vernunft zur Vermittlung den „Typus" des Sittengesetzes (analog wie zur Vermittlung der Anwendung der reinen Verstandesbegriffe auf Anschauungen die transscendentale Einbildungskraft das „Schema" der reinen Verstandesbegriffe schafft), d. i. ein „Naturgesetz, aber nur seiner Form nach". Dasselbe lautet: „Frage dich selbst, ob die Handlung, die du vorhast, wenn sie nach einem Gesetze der Natur, von der du selbst ein Teil wärest, geschehen sollte, sie du wol als durch deinen Willen möglich ansehen könntest?" (Kr. pr. V. p. 83.) Sagt dies denn aber etwas anderes, als jene von Cohen angeführte andere Formel des kategorischen Imperativs in der „Grundlegung"? Höchstens die Bestimmung, dass man auch sich selbst als einen Teil der Natur denken müsse, könnte man in der Formel der „Grundlegung" vermissen. Aber die Beispiele daselbst (besonders deutlich das vierte, auf p. 46 f.) zeigen, dass diese Bestimmung (die übrigens in dem Ausdrucke „allgemeines Naturgesetz" doch auch schon mitenthalten liegt) von Kant wenigstens mitgedacht worden ist. Die „Kritik" führt (a. a. O.) fort: „Nach dieser Regel beurteilt in der Tat jedermann Handlungen, ob sie sittlichgut oder böse sind." Nun geschehe aber, wenn jemand unrecht tue, dies Unrecht darum tatsächlich doch nicht gleich ganz allgemein und nach Art eines Naturgesetzes; „daher ist diese Vergleichung der Maxime seiner Handlungen mit einem allgemeinen Naturgesetze auch nicht der Bestimmungsgrund seines Willens" — eben nur, weil diese Vergleichung sich nicht in der Wirklichkeit darbietet, indem das Leben nicht gleich mit jeder unsittlichen

Tat die Probe macht, ob sie sich zum allgemeinen Naturgesetze eigne. Bei Cohen aber, der diese selben Worte citirt, haben sie nach dem Zusammenhange, in welchem er sie vorbringt, den Schein, als ob Kant jene Vergleichung überhaupt abweisen wollte. Und doch ist dies gar nicht Kant's Meinung gewesen, was nicht minder wie durch das Vorhergehende und bereits Referirte auch durch das unmittelbar Folgende bestätigt wird: „Aber das letztere" (sc. das Naturgesetz) „ist doch ein Typus für die Beurteilung der ersteren" (sc. der Handlungen) „nach sittlichen Principien. Wenn die Maxime der Handlung nicht so beschaffen ist, dass sie an der Form eines Naturgesetzes überhaupt die Probe hält, so ist sie sittlich-unmöglich." — Die Vergleichung des Sittengesetzes mit dem Naturgesetze geschieht also sowol in der „Grundlegung" wie in der „Kritik", beidemale aber nur mit Rücksicht auf die Form der Gesetzmässigkeit überhaupt. Eine Abweichung zwischen „Kritik" und „Grundlegung" lässt sich also auch in diesem Punkte nicht constatiren.

§ 5.

Indessen besteht doch Ein, und zwar ein ziemlich wichtiger Unterschied zwischen „Grundlegung" und „Kritik der praktischen Vernunft", der, soweit wir die betreffende Literatur haben nachsehen können, noch nirgends deutlich hervorgehoben ist. Er bezieht sich auf das Verhältniss zwischen Freiheit und moralischem Gesetze. In der „Grundlegung" nämlich ist es eigentlich die Freiheit, auf deren Credit hin erst das moralische Gesetz seine feste Geltung erhält, während in der „Kritik" umgekehrt das moralische Gesetz als etwas für sich Feststehendes dem Gedanken der Freiheit Sicherheit und Realität verleiht. In der „Grundlegung" wird das moralische Gesetz mit seinem Imperativ und seiner Autonomie zunächst nur wie versuchsweise angenommen; es wird nur zugesehen, wie wol ein moralisches Gesetz beschaffen sein müsse, falls es überhaupt ein solches geben soll. Dann findet sich, dass das so und so beschaffene Sittengesetz nur möglich ist, wenn transscendentale Freiheit des Willens vorausgesetzt wird. Soll also das Sittengesetz Halt bekommen, so muss die Freiheit ganz unabhängig von dem Sittengesetze wirklich vorhanden sein; denn das Sittengesetz selbst ist ja nur erst problematisch, kann also der Freiheit keine Stütze bieten. In der Tat wird nun auch Freiheit als ganz für sich feststehend angenommen: der Mensch muss sich notwendig auch zur intelligibeln Welt zählen und muss als Mitglied derselben die Causalität seines Willens als Freiheit denken. Damit erst ist denn auch das moralische Gesetz gesichert. In der „Kritik" dagegen wird genau der umgekehrte Weg gegangen. Hier ist das moralische Gesetz, und nicht die Freiheit, dasjenige, wovon wir als von einem festen Punkte auszugehen haben. Hier ist das moralische Gesetz „gleichsam ein Factum der reinen Vernunft" (Kr. pr. V. p. 56 u. ö.), „dessen wir uns unmittelbar bewusst werden" (ibid. p. 33; cf. auch p. 36 und 145) und „welches selbst keiner rechtfertigenden Gründe bedarf" (ibid. p. 57); und erst auf Grund des vorher deutlich gedachten moralischen Gesetzes in unserer Vernunft sind wir berechtigt, „so etwas, als Freiheit ist, anzunehmen" (ib. p. 2, Anm.). Erst von dem moralischen Gesetze also schliessen wir hier auf die Freiheit, (wenn diese auch, was dem nicht widerspricht, die ratio essendi des moralischen Gesetzes ist, vgl. unten Kap IV, § 4).

Die letztere Auffassung, die der „Kritik der praktischen Vernunft", gilt im allgemeinen allein als die Kant'sche, und mit einem gewissen Recht; denn sie ist diejenige, welche aus der Consequenz seines ganzen Systems hervorgeht. Wir werden demnach die hiervon abweichende andere Auffassung, die wir in der „Grundlegung" zu finden glauben, etwas eingehender darzustellen und quellenmässig zu belegen haben.

Kant entwickelt in den ersten beiden Abschnitten der

„Grundlegung" nur den „einmal im Schwange gehenden Begriff der Sittlichkeit" (Grundl. p. 72), indem er zeigt, dass, wofern es überhaupt einen solchen Begriff gebe, eine Autonomie des Willens demselben unvermeidlicherweise anhänge. Dass aber die Sittlichkeit selbst real und feststehend und etwa kein Hirngespinnst sei, das soll durch solche Erörterung noch gar nicht erwiesen sein, bleibt vielmehr ausdrücklich einstweilen noch dahingestellt. Vgl. Grundl. p. 44: „Wenn nun aus diesem einigen Imperativ" (sc. dem kategorischen Imperativ) „alle Imperativen der Pflicht . . . abgeleitet werden können, so werden wir, ob wir es gleich unausgemacht lassen, ob nicht überhaupt das, was man Pflicht nennt, ein leerer Begriff sei, doch wenigstens anzeigen können, was wir dadurch denken". Ibid. p. 48: „Wir haben soviel also wenigstens dargetan, dass, wenn Pflicht ein Begriff ist, der Bedeutung und wirkliche Gesetzgebung für unsere Handlungen enthalten soll, diese nur in kategorischen Imperativen, keineswegs aber in hypothetischen ausgedrückt werden könne; imgleichen haben wir, welches schon viel ist, den Inhalt des kategorischen Imperativs, der das Princip aller Pflicht (wenn es überhaupt dergleichen gäbe) enthalten müsste, deutlich und zu jedem Gebrauche bestimmt dargestellt. Noch sind wir aber nicht soweit, a priori zu beweisen, dass dergleichen Imperative wirklich stattfinden, dass es ein praktisches Gesetz gebe, welches schlechterdings und ohne alle Triebfedern für sich gebietet, und dass eine Befolgung dieses Gesetzes Pflicht sei" Ibid. p. 56 f.: „Sie" (sc. die Imperativen der Sittlichkeit) „werden aber nur kategorisch angenommen, weil man dergleichen annehmen musste, wenn man den Begriff der Sittlichkeit erklären wollte. Dass es aber praktische Sätze gäbe, die kategorisch geböten, könnte für sich nicht bewiesen werden, so wenig wie es überhaupt in diesem Abschnitte auch hier noch nicht geschehen kann". Es geschieht nämlich erst im dritten Abschnitte, und zwar daselbst durch Berufung auf den Begriff der Freiheit. Ibid. p. 72 f., am Schlusse des zweiten Abschnittes: „Dieser Abschnitt war also, ebenso wie der erste, bloss analytisch. Dass nun Sittlichkeit kein Hirngespinnst sei, welches alsdenn folgt, wenn der kategorische Imperativ und mit ihm die Autonomie des Willens wahr und als ein Princip a priori schlechterdings notwendig ist", das ist bis soweit noch nicht dargetan, sondern das „erfordert einen möglichen synthetischen Gebrauch der reinen praktischen Vernunft", das kann erst mit Hülfe des Freiheitsbegriffes, wie das im dritten Abschnitte geschieht, bewiesen werden. Vgl. auch ibid. p. 67.

Das moralische Gesetz ist also nur vorläufig zum Zwecke der Analyse angenommen, welche ihrerseits ergab, dass, wenn anders ein moralisches Gesetz vorhanden sei, es in der Form des kategorischen Imperativs auftreten und mit Autonomie des Willens verbunden sein müsse. Diese Autonomie des Willens und damit also das Sittengesetz selbst setzt nun aber weiter den Begriff der Freiheit als Bedingung voraus. „Der Begriff der Freiheit ist der Schlüssel zur Erklärung der Autonomie des Willens" (ibid. p. 74, Ueberschrift). Und dies in folgender Weise. Freiheit ist (was zunächst rein als Nominaldefinition gilt), negativ bestimmt, eine Causalität des Willens, die unabhängig von fremden sie bestimmenden Ursachen wirkend sein kann, positiv aber ist sie „Autonomie" oder die Eigenschaft des Willens, nach einer von der naturgesetzlichen unterschiedenen, besonderen Art von Causalität sich selbst ein Gesetz zu sein. „Der Satz aber: Der Wille ist in allen Handlungen sich selbst ein Gesetz, bezeichnet nur das Princip, nach keiner andern Maxime zu handeln, als die sich selbst auch als ein allgemeines Gesetz zum Gegenstand haben kann.[1] Dies ist

---

[1] Diese Identificirung erscheint nicht richtig. Was ein Wille, der nicht nach der naturgesetzlichen, allein uns bekannten Causalität, sondern nach einer

aber gerade die Formel des kategorischen Imperativs und das Princip der Sittlichkeit; also ist ein freier Wille und ein Wille unter sittlichen Gesetzen einerlei. Wenn also Freiheit des Willens vorausgesetzt wird, so folgt die Sittlichkeit sammt ihrem Princip daraus, durch blosse Zergliederung ihres Begriffes" (ibid. p. 75). Freiheit muss sonach, wenn es ein moralisches Gesetz giebt, als dessen Bedingung vorausgesetzt werden, und aus ihr wiederum würde das moralische Gesetz sich ergeben. Giebt's ein moralisches Gesetz, so giebt's auch Freiheit; giebt's diese, so giebt's auch jene. Ob es aber eines von beiden wirklich gebe, ist noch gar nicht entchieden. Die Erklärung bewegt sich mithin bis jetzt geradezu im Zirkel.

ganz andern Art von Causalität, von der wir ausser dieser negativen Bestimmung doch absolut gar keine Vorstellung haben. sich selbst bestimmt oder sich Gesetz ist, — was ein solcher Wille, der also seiner Beschaffenheit nach gänzlich im Intelligibeln, in der Nacht des Transscendenten liegt, eigentlich sei und wie man sich seine Wirkungsweise zu denken habe, das bleibt völlig dunkel. Wir sind deshalb auch gar nicht berechtigt, die Selbstbestimmung dieses Willens ohne Weiteres als nach der Maxime des kategorischen Imperativs vor sich gehend zu denken. — Die (unbekannte) Causalität des freien Willens wird Autonomie genannt; Autonomie hiess aber auch das Princip, so zu handeln, dass die Maxime des Handelns zugleich als allgemeines Gesetz gelten könne. Darum wird diese Autonomie ohne Weiteres jener ersteren gleichgesetzt. Tatsächlich aber besagt doch jene erstere Autonomie weiter nichts, als: Bestimmung nach einem ganz unvorstellbaren Gesetze einer absolut unerkennbaren Causalität, und Näheres wissen wir gar nicht von ihr.

Wie hier von dem freien Willen bewiesen wird, dass er (der Wille unter sittlichen Gesetzen oder kurz der sittliche Wille sei, so wird in § 5 der Kr. pr. V. (p. 32) umgekehrt von dem sittlichen Willen, d. i, dem Willen, der durch die blosse gesetzgebende Form der Maxime bestimmbar ist, gezeigt, dass er ein freier Wille ist. Die blosse Form des Gesetzes kann nur von der Vernunft vorgestellt werden, gehört folglich nicht unter die Erscheinungen (sondern in das Reich des Intelligibeln)." Demnach geschieht die Bestimmung des Willens durch die blosse Form des Gesetzes nicht nach dem für Erscheinungen geltenden Gesetze der Causalität, sondern unabhängig von demselben (nach einer intelligibeln Causalität), d. i. ein solcher Wille ist ein freier Wille. — Hier liegt der Fehler in der Voraussetzung, dass die blosse Form des Gesetzes nicht unter die Erscheinungen gehöre. Die blosse Form des Gesetzes ist eine Abstraction, die, wie alle Abstractionen, zwar eben nur in abstracto vorgestellt werden kann, aber darum doch nicht aus der Erscheinungswelt heraustritt.

„Es zeigt sich hier, man muss es frei gestehen, eine Art von Zirkel, aus dem, wie scheint, nicht herauszukommen ist. Wir nehmen uns in der Ordnung der wirkenden Ursachen als frei an, um uns in der Ordnung der Zwecke unter sittlichen Gesetzen zu denken, und wir denken uns nachher als diesen Gesetzen unterworfen, weil wir uns die Freiheit des Willens beigelegt haben" (ibid. p. 79). Eines von beiden, entweder die Freiheit oder das moralische Gesetz, muss also notwendig für sich selbst und unabhängig vom andern feststehen, damit dadurch in das ganze Begriffsgebäude Halt hineinkomme. Das moralische Gesetz ist ausdrücklich nur als Annahme hingestellt worden: demnach bleibt nur übrig, die Freiheit als real vorhanden darzutun. Das geschieht denn auch von p. 79 unten bis p. 82, wo ganz unabhängig vom moralischen Gesetze auseinandergesetzt wird, dass dem Menschen, sofern er zur intelligibeln Welt gehört, die Freiheit zukomme. (Vgl. auch ib. p. 87 und die abschliessende Zusammenfassung p. 92.) Der Gang des Beweises ist kurz der: Es muss notwendig unterschieden werden die Sinnenwelt (die Welt der Erscheinungen) von der Verstandes- oder intelligibeln Welt (der Welt der Dinge an sich). Soweit der Mensch durch innere Empfindung und die Art, wie sein Bewusstsein afficirt wird, Kenntniss von sich erhält, erkennt er sich selbst nur als Erscheinung. In Bezug auf dasjenige aber, was in ihm reine Tätigkeit ist und als solche nicht durch Empfindung der Sinne, sondern unmittelbar zum Bewusstsein gelangt, d. h. in Bezug auf das Vermögen der Vernunft oder der Intelligenz, muss er sich als zur Verstandeswelt gehörig ansehen. Als ein vernünftiges, mithin zur intelligibeln Welt gehöriges Wesen aber „kann der Mensch die Causalität seines eigenen Wesens niemals anders, als unter der Idee der Freiheit denken" (ibid. p 82). Nun ist also die Freiheit für sich fest gestellt und damit denn erst auch das moralische Gesetz gesichert. „Nun ist der Verdacht, den wir oben rege machten, gehoben, . . . dass wir nämlich vielleicht die Idee der Freiheit nur um des sittlichen Gesetzes willen zu Grunde legten, um dieses nachher aus der Freiheit wiederum zu schliessen, mithin von jenem gar keinen Grund angeben könnten . . . Denn jetzt sehen wir, dass, wenn wir uns als frei denken, so versetzen wir uns als Glieder in die Verstandeswelt und erkennen die Autonomie des Willens sammt ihrer Folge, der Moralität" (ibid. p. 82). — (Im Folgenden wird dann einmal dargelegt, wie nunmehr auch die verpflichtende Kraft der moralischen Gesetze erklärt sei; nämlich da alles, was zur blossen Erscheinung gehört, von der Vernunft notwendig der Verstandeswelt untergeordnet wird, in dieser letzteren aber die moralischen Gesetze, als auf Freiheit beruhend, ihren Grund haben, so sind deshalb diese für den Menschen als Erscheinung oder Sinnenwesen gesetzgebend und unbedingt verpflichtend. Und weiter wird der scheinbare Widerspruch zwischen Freiheit und Notwendigkeit aufgelöst, indem jene dem Dinge an sich, diese eben demselben Wesen als Erscheinung zugeschrieben wird.)

Nun ist aber nach den Resultaten der Kritik der reinen Vernunft die Freiheit keineswegs so für sich selbst gewiss und feststehend, wie sie hier erscheint. Nur die Denkmöglichkeit der Freiheit, nur die Widerspruchslosigkeit, mit der man den Gedanken derselben vorstellen könnte, hatte die Kritik der reinen Vernunft erwiesen, aber ganz und gar nicht ihre Wirklichkeit. Sonach muss es als eine Inconsequenz gegen das eigene System Kant's betrachtet werden, wenn hier die Freiheit doch rein theoretisch (und nicht erst in praktischer Absicht) erwiesen und auf sie erst das Sittengesetz gestützt wird. Soll diese Inconsequenz vermieden werden, so bleibt nur die Möglichkeit, statt von der Freiheit, vielmehr von dem moralischen Gesetze her unsere Erkenntniss anheben zu lassen. Natürlich darf dann das moralische Gesetz selbst nicht bloss problematisch angenommen, sondern muss vielmehr nun als durch sich selbst gesichert und über alle Bezweiflung erhaben hingestellt werden. Von ihm aus ist dann erst auf die (praktische) Realität der Freiheit zu schliessen. Dies ist der tatsächliche Standpunkt Kant's in der „Kritik der praktischen Vernunft", [1]) die sonach für die behandelte Frage die allein der Consequenz des ganzen Systems angemessene Auffassung bietet. Dagegen erscheint die in der „Grundlegung" enthaltene Auffassung nur als eine ungenügende, später von Kant selbst überwundene und verworfene Vorstufe.

Bemerkt werden muss noch, dass der erörterte Unterschied zwischen „Grundlegung" und „Kritik" keinen Einfluss hat auf die einzelnen Bestimmungen, welche die genauere Analyse an dem moralischen Gesetze aufzeigt. Auch für die Darstellung des realen Verhältnisses zwischen Freiheit und moralischem Gesetze ist der Unterschied von keiner Bedeutung; nur auf unsere Erkenntniss dieses Verhälnisses erstreckt sich seine Geltung. In der „Kritik" wie in der „Grundlegung" ist die Freiheit die ratio essendi des moralischen Gesetzes; aber in der „Grundlegung" erscheint sie auch als die ratio cognoscendi des moralischen Gesetzes, während in der „Kritik" in consequenterer Weise umgekehrt das moralische Gesetz die ratio cognoscendi der Freiheit darbietet. —

[1]) Der Eingang der Kr. pr. V. könnte zwar den Schein erwecken, als wenn auch hier, wie in der „Grundlegung", das Sittengesetz nur problematisch, als blosser Gedanke, angenommen würde. Denn die „Erklärung" der praktischen Grundsätze in § 1 lässt es noch ganz unbestimmt, ob solche praktischen Grundsätze vorkommen oder nicht, und die „Anmerkung" in § 1 scheint das zu bestätigen. (Vgl. gleich den Anfang: „Wenn man annimmt, dass reine Vernunft einen praktisch, d. i. zur Willensbestimmung hinreichenden Grund in sich enthalten könne, so giebt es praktische Gesetze".) Aber weiterhin wird doch ausdrücklich betont, dass das praktische Gesetz wirklich und unbezweifelt existire, dergestalt, dass wir uns desselben unmittelbar bewusst werden. Vgl. Kr. pr. V., Anmerkung zu § 6 (p. 33 f.) und die übrigen zu Anfang dieses § (p. 43) von uns citirten Stellen. Siehe auch unten Kap. V. § 1 und die Anmerkung daselbst.

Dem Erörterten zufolge werden wir, indem wir im folgenden Kapitel den Gang und die Methode der Argumentation in Kant's Ethik in Kürze zu skizziren unternehmen, hierbei bezüglich des Verhältnisses zwischen Freiheit und moralischem Gesetze der consequenteren Auffassung der „Kritik" folgen. Im übrigen werden wir, nach den Ausführungen dieses Kapitels, sowol an die „Grundlegung" als auch ganz besonders an die „Kritik der praktischen Vernunft" uns halten, und nicht, wie Schopenhauer, fast ausschliesslich die erstere Schrift zu Grunde legen.

Kapitel IV.
Die Hauptpunkte der Kant'schen Ethik.
§ 1.

Die Aufgabe der Ethik ist eine doppelte. Sie hat zunächst die Tatsache oder das Was der Sittlichkeit festzustellen, und zwar sowol rücksichtlich ihres Inhaltes, d. h. rücksichtlich dessen, was denn als sittliche Vorschrift gelten soll, als auch in Bezug auf ihre Form, d. i. die den sittlichen Geboten anhaftende Verbindlichkeit oder das Sollen. Zweitens aber hat die Ethik das Warum des Sittlichen aufzuzeigen oder die Sittlichkeit zu begründen, und zwar natürlich wieder nach Form wie nach Inhalt.

Dieser doppelten Aufgabe unternimmt auch Kant's Ethik zu genügen.

§ 2.

Kant geht aus von der „gemeinen sittlichen Vernunfterkenntniss" (Grundl., Ueberschrift des ersten Abschnittes), von dem unleugbaren Factum des moralischen Gesetzes, wie dasselbe, wenn auch nicht in vollständiger begrifflicher Klarheit, auch von der gemeinen Menschenvernunft vorgestellt wird (Grundl. p. 23 u. ö.). Er betrachtet zunächst das Was dieses als Tatsache daliegenden moralischen Gesetzes, specieller seine Form, das Sollen. Die Analyse ergiebt, dass dem Sittengesetze absolute Allgemeingültigkeit und unverbrüchliche Notwendigkeit für den Willen jedes vernünftigen Wesens zukomme. Die Analyse führt aber noch weiter. Solche absolute Notwendigkeit (die in dem Begriffe der Pflicht oder des Sollens sich ausspricht) ist unmöglich, wenn beim moralischen Handeln der Bestimmungsgrund des Willens in einem Objecte (oder einer Materie oder einem Gegenstande) des Willens gelegen ist; denn ein Object kann nur dadurch den Willen be-

4*

stimmen, dass es in uns das Gefühl der Lust oder Unlust
erweckt; Lust und Unlust aber gründet sich auf jedes indivi-
duelle Empfänglichkeit, ist daher durchaus empirischer Natur
und enthält also keine unbedingte Notwendigkeit und Allgemeingültigkeit für jedes vernünftige Wesen überhaupt, abgesehen von seiner besonderen Individualität. Folglich, da bei
einem allgemeingültigen Sittengesetze die Materie oder der
Gegenstand des Willens nicht den Bestimmungsgrund desselben
abgeben kann, so muss die blosse F o r m des Gesetzes, d. h.
der Begriff der allgemeinen Gesetzmässigkeit überhaupt, den
Bestimmungsgrund des Willens enthalten. Damit sind wir
für das Object oder den Inhalt des Sittengesetzes gleichfalls
auf dessen Form angewiesen. Soll der Inhalt nicht B e s t i m-
m u n g s g r u n d sein, so scheint überhaupt kein Inhalt in das
Gesetz hinein kommen zu können. Gleichwol ist es „unleugbar,
dass alles Wollen auch einen Gegenstand, mithin eine Materie
haben müsse" (Kr. pr. V. p. 39). Dieselbe kann also nur in
der Form selbst gefunden werden. „Diese blosse Form eines
Gesetzes, welches die Materie einschränkt, muss zugleich ein
Grund sein, diese Materie zum Willen hinzuzufügen" (ib. p. 40).
So ist der Inhalt des Gesetzes in der Form mitenthalten, wird
aus ihr selbst erzeugt. Die Form des Gesetzes ist so zugleich
dessen Inhalt. — Aus allem ergiebt sich die bekannte Formel
des Sittengesetzes, die Formel des kategorischen Imperativs:
„Handle so, dass die Maxime deines Willens jederzeit zugleich
als Princip einer allgemeinen Gesetzgebung gelten könne".
D. h.: Die blosse Form der allgemeinen Gesetzgebung muss
— als g e s e t z g e b e n d e Form — dich zum Handeln bestimmen und zugleich der zu bewirkende Gegenstand deines
Handelns sein.

§ 3.

Die Frage nach dem Was der Ethik ist jetzt beantwortet.
Das Moralgesetz enthält seiner Form nach strenge Notwendig-

keit und Allgemeingültigkeit; damit dies möglich sei, muss diese blosse Form der Allgemeingültigkeit den Willen bestimmen; dadurch aber macht sie zugleich den Inhalt des Moralgesetzes aus.

Wegen dieses Zusammenfallens von Form und Inhalt wird nun auch die weitere Aufgabe der Ethik, die Begründung des Sittlichen, sich einfach nur auf die Form zu beziehen haben; mit Begründung der Form ist dem Dargelegten zufolge auch der Inhalt des Sittengesetzes begründet.

Es geschieht diese Begründung durch den Begriff der t r a n s s c e n d e n t a l e n F r e i h e i t, die somit das eigentliche Warum der Ethik darbietet, ohne welches „das moralische Gesetz in uns gar nicht anzutreffen sein" (Kr. pr. V., Vorrede, p. 2 Anm.) würde. Unsere Erkenntniss zwar hebt von dem moralischen Gesetze an und führt von ihm aus erst auf den Begriff der Freiheit, tatsächlich aber ist die Freiheit die Bedingung und der Grund des moralischen Getsetzes.

Der nähere Zusammenhang ist dieser. Die blosse Form des Gesetzes sollte der Bestimmungsgrund des Willens sein. Diese blosse gesetzgebende Form nun gehört nicht unter die Erscheinungswelt, sondern wird lediglich von der Vernunft vorgestellt, die dadurch ihre eigene Gesetzgebung ausübt — (analog, wie auch auf dem Felde der theoretischen Vernunft alles das, was „Form" der Erkenntniss ist, nicht der Erfahrung, sondern der reinen Vernunft als solcher angehört). Aus diesem Grunde weil es die Vernunft selbst ist, welche die Form des Gesetzes und damit den Bestimmungsgrund des Willens schafft, ist diese Form als Bestimmungsgrund des Willens geeignet, absolute Notwendigkeit und Allgemeingültigkeit mit sich zu führen, als worauf es gerade ankam. Denn was, wie diese Form als Bestimmungsgrund des Willens, in reiner Vernunft als solcher seinen Grund hat, das hat nicht, wie jene abgewiesenen materialen, in der zufälligen Beschaffenheit des Individuums bedingten Bestimmungsgründe des Willens, eine

nur subjective, nur empirisch feststellbare Gültigkeit und eine
höchstens zufällige Allgemeinheit, sondern das besitzt objective,
a priori erkennbare Notwendigkeit und durchgängige Allgemeingültigkeit für jedes vernünftige Wesen. Ist die blosse Form
Bestimmungsgrund des Willens, so ist hiermit also die stricte
Notwendigkeit des moralischen Gesetzes dargetan.

Wie nun aber ist das möglich, dass der Wille durch
die blosse Form des Gesetzes bestimmt werde? Wie muss
ein solcher Wille beschaffen sein? Die blosse Form des Gesetzes gehörte nicht unter die Erscheinungen. Demnach kann
auch die Wirkungsweise dieser blossen Form (nämlich als
Bestimmungsgrund des Willens) nicht dieselbe, wie die Wirkungsweise der Erscheinungen sein, d. h. sie kann nicht nach
dem Causalitätsgesetze erfolgen: denn jede Ursache muss eine
Erscheinung sein, die blosse Form ist ja aber nicht Erscheinung. Mithin muss der Wille, sofern er durch solche blosse
Form bestimmt wird, von dem für Erscheinungen geltenden
Causalitätsgesetze unabhängig gedacht und somit, als „reiner
Wille", in eine intelligible Ordnung der Dinge gerückt werden.
Dies heisst aber nichts Anderes als: der Wille muss mit trans-
scendentaler Freiheit begabt sein.

So führt das moralische Gesetz durch den in ihm enthaltenen Begriff der nicht in der Erscheinungswelt, sondern
in der reinen Vernunft selbst anzutreffenden blossen Form der
Gesetzmässigkeit als Bestimmungsgrund des Willens zu dem
Begriffe der transscendentalen, im Intelligibeln liegenden Freiheit. Oder in Kant's Worten: durch das moralische Gesetz
widerfährt uns „die Eröffnung einer intelligibeln Welt durch
Realisirung des sonst transscendenten Begriffs der Freiheit"
(Kr. pr. V. p. 113).

§ 4

Die transscendentale Freiheit ist nicht etwa die absolute
Wahlfreiheit, das liberum arbitrium indifferentiae des Inde-

terminismus; vielmehr wird der Determinismus, die strenge Notwendigkeit aller unserer Handlungen, auf das bestimmteste gelehrt. Die transscendentale Freiheit bildet zwar den Gegensatz zu der Notwendigkeit der Begebenheiten in der Natur, aber nicht in dem Sinne, dass mit dem Indeterminismus diese Notwendigkeit zu Gunsten des menschlichen Willens durchbrochen würde; sondern unbeschadet der strengsten Notwendigkeit aller Ereignisse in der Natur, in dem Reiche der Erscheinungen, wird nur für dieselben Ereignisse (speciell für die Betätigungen des sittlichen Wollens), sofern sie zugleich zu der intelligibeln Welt gehören, eine andere Gesetzmässigkeit — keineswegs absolute Gesetzlosigkeit — behauptet, als die Causalität des Naturgesetzes, eben eine „Causalität durch Freiheit".

Der freie Wille ist unabhängig von aller Erscheinung und deren Causalitätsgesetze, unabhängig also von aller Materie des Wollens, allem zu begehrenden Objecte, da ein solches als empirisch gegeben zu der Erscheinungswelt gehören würde. Dies ist der negative Sinn der Freiheit. Positiv aber wird der freie Wille bestimmt durch die blosse gesetzgebende Form, welche die reine Vernunft, die eben dadurch praktisch wird, — man kann auch sagen: der reine Wille — in eigener Gesetzgebung aus sich selbst und für sich selbst hervorbringt. So ist der freie Wille der autonome Wille oder der Wille unter sittlichen Gesetzen, der unabhängig von allen materialen (heteronomen) Bestimmungsgründen sich selbst ein Gesetz ist „Freiheit und eigene Gesetzgebung des Willens sind beides Autonomie, mithin Wechselbegriffe" (Grundl. p. 79).

Gewissermassen ist daher die transscendentale Freiheit nichts Anderes als das moralische Gesetz selbst [1]), sofern

---

[1]) Kr. pr. V. p. 33: „Ich frage hier nun nicht, ob sie" ,sc. Freiheit und unbedingtes praktisches Gesetz) „auch in der Tat verschieden seien, und nicht vielmehr ein unbedingtes Gesetz bloss das Selbstbewusstsein einer reinen

dieses in der blossen Form der Gesetzmässigkeit besteht, welche Form von der reinen Vernunft erzeugt wird und für sich allein den Willen bestimmt. Denn freier Wille ist der autonome Wille, d. i. der durch seine oder der Vernunft, sofern sie praktisch ist, eigene Gesetzgebung, d. i. der durch die blosse Form der Gesetzmässigkeit, d. i. der durch das moralische Gesetz bestimmte, d. i. der sittliche Wille. Daher wird denn auch bisweilen, wie von einem Bewusstsein des moralischen Gesetzes, so auch von einem Bewusstsein der Freiheit gesprochen [1]). Es ist dieses dann so zu verstehen, dass wir im und durch das Bewusstsein des moralischen Gesetzes uns auch der Freiheit bewusst werden: denn ohne jenes und ganz unmittelbar ist ein Bewusstsein der Freiheit, wie überhaupt jede Erkenntniss derselben, unmöglich[2]).

Indessen sind transscendentale Freiheit und moralisches Gesetz doch nicht schlechtweg identisch. Sonst könnte nicht — wie wir gleich näher sehen werden — jene die ratio essendi von diesem, dieses aber die ratio cognoscendi von jener sein (Kr. pr. V. p. 2, Anm.). Dieses Verhältniss begründet sich folgendermassen.

---

praktischen Vernunft, diese aber ganz einerlei mit dem positiven Begriffe der Freiheit sei". Ibid. p. 50: „Sie" (sc. die Analytik) „zeigt zugleich, dass dieses Factum" (sc. das Factum des Sittengesetzes und seiner Autonomie) „mit dem Bewusstsein der Freiheit des Willens untrennbar verbunden, ja mit ihm einerlei sei". Ibid. p. 55: „. . . . dieses Bewusstsein der moralischen Gesetze, oder, welches einerlei ist, das der Freiheit . . . ". Vgl. auch ibid. p. 66.

[1]) Siehe die zweite und dritte der in der vorhergehenden Anmerkung citirten Stellen. Vgl. auch Kr. pr. V. p. 117: „Bewusstsein seiner intelligibeln Existenz" und p. 119: „intelligibeln Bewusstseins seines Daseins (der Freiheit)."

[2]) Allerdings darf hierbei nicht unerwähnt bleiben, dass in Folge dieser Lehre vom Sichbewusstwerden der Freiheit diese an einigen Stellen der Kant'schen Schriften eine bedenkliche Aehnlichkeit annimmt mit der s. g. „sittlichen Freiheit," d. i. der Fähigkeit, den Antrieben des Augenblicks und der Sinnlichkeit zu Gunsten vernünftiger Erwägung zu widerstehen, oder selbst gar mit der principiell verpönten absoluten Wahlfreiheit.

Durch das moralische Gesetz, speciell dadurch, dass das moralische Gesetz eine Willensbestimmung durch die blosse Form der Gesetzmässigkeit, unabhängig von allem begehrten Objecte, erforderlich macht, war der Begriff der Freiheit gesichert als eine zum Behufe des moralischen Gesetzes notwendige Annahme, weil ohne Freiheit sittliches Handeln nicht möglich wäre, ja, sittliches Handeln eben selbst ein freies Handeln ist. Damit aber ist die Freiheit die Bedingung, der Seinsgrund des moralischen Gesetzes. Freiheit und moralisches Gesetz sind also eigentlich nur für unsere Auffassung identisch, insofern als wir die Freiheit nur soweit erkennen können, als sie uns durch das moralische Gesetz kundbar wird, sich uns in ihm darstellt. An sich aber ist die Freiheit der eigentliche, metaphysische, im Intelligibeln liegende Untergrund des Sittlichen, der sich in dem Sittlichen manifestirt [1]). Man könnte wol auch sagen: das moralische Gesetz ist das Selbstbewusstsein der Freiheit [2]). Jenes ist nur das πρότερον πρὸς ἡμᾶς, dieses aber das ἁπλῶς πρότερον. Die Freiheit ist das Vermögen der Sittlichkeit, welches in dem moralischen Gesetze und dem Bewusstsein desselben sich als Wirklichkeit, als Factum betätigt.

§ 5.

Das moralische Gesetz hat die Freiheit zu seiner Bedingung. Man könnte nun die Frage aufwerfen: Wie ist solche Freiheit möglich? Dieses Problem, welches völlig einerlei sein

---

[1]) Der Begriff des „Sich Manifestirens" (ähnlich wie der des „Sich Objectivirens" oder „Sich Darstellens" oder „In die Erscheinung Tretens u. ä.) ist zwar höchst unklar und verschwimmend; aber die Schuld der Unklarheit fällt hier auf Kant selbst zurück, der in diesem Punkte mit keineswegs sehr deutlichen Vorstellungen operirt.

[2]) So im Anschluss an die Stelle Kr. pr. V. § 6, Anmerkung, zu Anfang (p. 33, wo das moralische Gesetz „das Selbstbewusstsein einer reinen praktischen Vernunft" genannt wird. Da diese aber „ganz einerlei mit dem positiven Begriffe der Freiheit" ist, so darf das moralische Gesetz auch wol als das Selbstbewusstsein der Freiheit bezeichnet werden.

würde mit dem, wie reine Vernunft praktisch sein könne, ist gänzlich unauflösbar. Es muss genügen, dass die praktische Vernunft durch das Factum des Sittengesetzes und seiner Autonomie sich als wirklich erweist, dass also tatsächlich ein Gesetz für sich und unmittelbar Bestimmungsgrund des Willens, der eben darum ein freier Wille ist, sein könne (Kr. pr. V. p 87; Grundl. p. 89). Gleichwol darf doch der Begriff der Freiheit nicht ein absolut unmöglicher sein — wenn auch das Wie solcher Möglichkeit nicht erklärt werden kann —, er darf auch vor dem Forum der speculativen Vernunft sich nicht geradezu selbst widersprechen. Die praktische Vernunft verschafft dem Begriffe der Freiheit objective, zwar nur praktische, aber doch unbezweifelte Realität: dazu aber muss die reine speculative Vernunft den Gedanken einer frei handelnden Ursache wenigstens als denkbar verteidigen können, wenn auch nicht realisiren. Die speculative Vernunft stellt fest, dass wenigstens der negative Begriff einer Causalität durch Freiheit (als Unabhängigkeit von den Naturursachen) möglich, wenn auch unbegreiflich, sei, während die reine praktische Vernunft diesem Begriffe erst positive Bestimmung — „obgleich als praktischem Begriffe auch nur zu praktischem Gebrauche" — giebt (Kr. pr V. p. 57—59; vgl. auch ibid. p. 2—4) [1]).

[1]) Wenn Kant Kr. pr. V. p. 3 lehrt, dass für den Begriff der Freiheit (und den von Gott und Unsterblichkeit) „die Speculation nicht hinreichende Gewährleistung ihrer Möglichkeit findet" (vgl. auch Kr. r. V. p. 453), während Kr. pr. V. p. 51 die speculative Vernunft so viel leistete, „dass sie den Begriff der Noumenen, d. i. die Möglichkeit, ja Notwendigkeit, dergleichen zu denken, in Sicherheit setzte und z. B. die Freiheit, negativ betrachtet, anzunehmen, als ganz verträglich mit jenen Grundsätzen und Einschränkungen der reinen theoretischen Vernunft, wider alle Einwürfe rettete", — so findet dieser scheinbare Widerspruch seine Auflösung durch die Bemerkung Kr. pr. V. p. 57, dass die Möglichkeit einer blos negativ gedachten Causalität (durch Freiheit) für die Kritik der speculativen Vernunft „unbegreiflich und dennoch sie anzunehmen nötig war". Kant meint, die Kritik der speculativen Vernunft könne zwar gar nicht vorstellbar machen, wie eine mög-

So sind wir für den Begriff der Freiheit in weiterer Instanz auf die Kritik der speculativen Vernunft verwiesen. Hätte diese nicht die Freiheit wenigstens als denkmögliche Vernunftidee dargetan, so hätte die Kritik der praktischen Vernunft nicht die Wirklichkeit der Freiheit erweisen können, und damit wäre die ganze Begründung der Ethik unmöglich gewesen. So hängen die Kritik der reinen und die der praktischen Vernunft auf das engste zusammen; jene dient durch ihre Lehre von der transscendentalen Freiheitsidee und deren problematischen Geltung dazu, „den Boden für die majestätischen sittlichen Gebäude eben und baufest zu machen" (Kr. r. V. p. 307, unten) [1]).

Die transscendentale Idee der Freiheit, wie sie von der Kritik der reinen Vernunft als sich nicht selbst widersprechend hingestellt wird, führt nun aber ihrerseits weiter zurück auf den Begriff des Dinges an sich. Jene Idee der Freiheit (die für die Kritik der reinen Vernunft als eine kosmologische Idee sich auf alle Erscheinung überhaupt, nicht bloss

liche Freiheit etwa zu denken sei, dennoch aber finde sie, dass Freiheit möglich sein könne; der Begriff der Freiheit habe für die Kritik der speculativen Vernunft zwar nicht den mindesten vorstellbaren Inhalt, aber doch könne dieser Begriff aufgestellt werden. — Ob freilich auf solche Weise der Sinn der Möglichkeitsaussage nicht überhaupt verloren gehe und ob folglich ein Begriff, von dessen Inhalt sich durchaus gar nichts vorstellen lässt, nicht einfach ein Unbegriff sei, ist eine andere Frage, die unseres Erachtens nur bejaht werden kann.

[1]) Ueber den Zusammenhang der Kritik der reinen mit der der praktischen Vernunft und die Hindeutungen, welche in jener auf diese enthalten liegen, vergleiche ausser der im Text angeführten Stelle auch Kr. r. V. pp. 31-33 ff., 314, 343 f., 436 f., 445 ff., 603, und das ganze Hauptstück vom „Kanon der reinen Vernunft" (p. 615—640); Proleg. pp. 106, 127—128; Kr. pr. V. p. 127—128. — Der Zusammenhang und die Uebereinstimmung zwischen den Resultaten der Kritik der theoretischen und der praktischen Vernunft beruhen im letzten Grunde auf der als gewiss vorauszusetzenden „Einheit des ganzen reinen Vernunftvermögens (des theoretischen sowol als praktischen)" (Kr. pr. V. p. 109; vgl. auch Grundl. p. 8 u. ö.).

auf den Menschen bezieht)[1] wäre nicht mit der Notwendigkeit der Naturbegebenheiten zusammen denkbar, wenn nicht derselbe Gegenstand, der als Erscheinung mit dem Charakter der Notwendigkeit behaftet ist, zugleich, sofern er frei sein soll, sich als Noumenon oder Ding an sich denken liesse, wenn also der Begriff eines Noumenon, d. h. eines Dinges, sofern es „nicht Object unserer sinnlichen Anschauung ist" — wenngleich nicht als „ein Object einer nicht-sinnlichen Anschauung" (Kr. r. V. p 262) — selbst nicht wenigstens widerspruchsfrei gedacht werden könnte, ja müsste, wenn mithin der Begriff des Dinges an sich als ein Unbegriff unbedingt abzuweisen wäre.[2]

Ohne den Begriff des Dinges an sich wäre die kosmologische Vernunftidee der Freiheit unmöglich; ohne diese könnte der Gedanke der Freiheit nicht seine, wenn auch zunächst nur problematische Anwendung auch auf den Menschen finden; ohne eine wenigstens problematische Geltung vor der Kritik der theoretischen Vernunft vermöchte der Gedanke der Freiheit auch durch die Kritik der praktischen Vernunft nicht objective Realität zu gewinnen; ohne solche aber gäbe es überhaupt kein moralisches Gesetz in uns. Mit dem Dinge an sich steht oder fällt sonach zuletzt die ganze Begründung der Ethik.

§ 6.

Die versuchte Skizzirung von Kant's Theorie der Ethik — bei der wir die Lehre von den Postulaten und manches Einzelne, wie die Ausführungen über den Begriff eines Gegenstandes der reinen praktischen Vernunft, über die Typik der

---

[1] Ueber diese Ausdehnung der Geltung der Freiheit wird freilich von den Kant-Auslegern gestritten.

[2] Beiläufig mag hier bemerkt werden, dass, da die Freiheit die einzige greifbare Anwendung ist, welche das Ding an sich erfährt, diese Anwendung auch das einzige oder wenigstens das hauptsächlichste Motiv für Kant gewesen zu sein scheint, den Begriff des Dinges an sich überhaupt für zulässig zu erachten und ihn nicht, wie es in der Consequenz seines eigenen Grundgedankens lag, als auf falscher Begriffsbildung beruhend, gänzlich über Bord zu werfen.

reinen praktischen Urteilskraft, über die Achtung als Triebfeder der reinen praktischen Vernunft, weil für die G r u n d l e g u n g der Kant'schen Morallehre unwesentlich und die klare Uebersicht über die leitenden Hauptgedanken erschwerend, absichtlich ausser Acht gelassen haben — die versuchte Skizzirung von Kant's Ethik lässt uns die beiden Grundpfeiler derselben deutlich erkennen: einmal den Begriff der blossen g e s e t z g e b e n d e n F o r m (oder des kategorischen Imperativs und seiner Autonomie), d. i den Gedanken, dass die blosse, von der reinen Vernunft selbst vorgestellte Form der allgemeinen Gesetzmässigkeit überhaupt Inhalt und Bestimmungsgrund des sittlichen Handelns sei, und zweitens den Begriff der t r a n s s c e n d e n t a l e n F r e i h e i t, vermöge welcher der Wille durch jene gesetzgebende Form bestimmt werden kann. Beide Begriffe sind durchaus gleich notwendig für das Bestehen der Kant'schen Ethik. Ist auch nur einer von beiden nichtig, so fällt die ganze ethische Theorie. Die Freiheit ist gleichsam der Baugrund der Ethik, der ohne ein darauf zu errichtendes Gebäude leer und wertlos bleibt; die gesetzgebende Form aber ist dies Gebäude selbst, das ohne seinen Untergrund in der Luft schweben würde und gar nicht möglich wäre. Würde zwar der problematische Begriff der Freiheit als triftig erfunden, aber der Begriff der gesetzgebenden Form als hinfällig erwiesen, so wäre doch das ganze moralische Gesetz, wie es Kant versteht, mit hinfällig, und der bloss problematische Gedanke widerspruchslos zu denkender Freiheit hülfe zu gar nichts, da er durch kein moralisches Gesetz realisirt werden würde. Und umgekehrt, würde der Gedanke der gesetzgebenden Form anerkannt, aber der Begriff der transscendentalen Freiheit als nichtig verworfen, so wäre dieser gesetzgebenden Form und damit dem moralischen Gesetze der Boden unter den Füssen weggezogen. Das letztere wäre ein völlig chimärisches Luftgebäude; denn das F a c t u m des moralischen Gesetzes oder seine Wirklichkeit ist nach Kant's eigener Lehre nur möglich, wenn es Freiheit giebt. Man würde nur ausmitteln können, wie etwa ein moralisches Gesetz beschaffen sein müsste, für den Fall dass ein solches vorhanden wäre; allein, da es keine Freiheit gäbe, so würde dieser Fall nie wirklich gegeben sein können

§ 7.

Da wir im Laufe unserer Abhandlung auf Schopenhauer's Kritik der erwähnten beiden Grundstützen der Kant'schen Ethik nicht weiter eingehen werden und also auch auf sie selbst nicht wieder zurückkommen, so wollen wir hier unsere eigene Meinung über diese Punkte wenigstens flüchtig andeuten.

Nach unserem Erachten ist sowol der Gedanke der blossen gesetzgebenden Form, als auch der der transscendentalen Freiheit völlig unhaltbar, mithin die beiden Grundstützen der ganzen Ausführung der Kant'schen Ethik hinfällig.

Der Gedanke Kant's von der blossen gesetzgebenden Form wurzelt in seiner Meinung, dass ein gewolltes Object als Bestimmungsgrund des Willens nicht die zu einem sittlichen Gebote erforderliche Notwendigkeit und Allgemeingültigkeit gewährleisten könne. Kant war ausgegangen von der Voraussetzung, für welche er sich überall auf das schlichte sittliche Bewusstsein beruft, dass das Sittengesetz strenge Notwendigkeit und allgemeine Geltung beanspruche, oder dass es als ein absolutes Sollen oder eine unbedingte Pflicht erscheine. Diese Voraussetzung ist unanfechtbar. Der nächste methodische Schritt wäre nun gewesen, den Begriff der ethischen Notwendigkeit oder des Sollens zu untersuchen. Kant lässt aber diese Aufgabe gänzlich unberührt liegen. Statt dessen sieht er zu, ob nicht aus jener Notwendigkeit des Sittengesetzes sich etwas Näheres über die Natur desselben folgern liesse. Er findet, dass bei einem wirklichen Sittengesetze keinerlei Object, keinerlei gewollter Inhalt, Bestimmungsgrund des Willens sein dürfe, weil ein solcher Inhalt nur durch das Gefühl der Lust oder Unlust auf den Willen zu wirken vermöge. Hierin liegt etwas Richtiges, aber auch etwas sehr Verkehrtes. Richtig ist es, dass die Lust als Bestimmungsgrund des sittlichen Willens abgewiesen wird. Das Gefühl der Lust oder Unlust ist seinem Wesen nach individuell; ein Jeder fühlt sie so, wie er sie eben fühlt, und es kann durch kein allgemeines Gesetz jemand gezwungen werden, mit seinem Lustgefühle anders zu reagiren, als er es nach seiner physischen und psychischen Organisation eben tut. Aus der Lust als Motiv des Handelns (Bestimmungsgrund des Willens) kann also kein allgemeines und notwendiges Sittengesetz abgeleitet werden. Soweit ist Kant im Rechte. Aber ein Irrtum Kant's ist es, zu meinen, dass mit der Lust auch **jegliche Wertschätzung** [1]) eines gewollten Objects und damit überhaupt **jede Rücksicht auf ein Object oder einen Inhalt** von dem sittlichen Willen ausgeschlossen werden könne und müsse. Ein Wille ohne jede Wertschätzung eines gewollten Objectes ist aber eine reine Abstraction und real gar nicht denkbar. Jedes Handeln, jede Regung des Willens ist unumgänglich verbunden mit der Vorstellung von einem grösseren oder geringeren, directen oder indirecten, augenblicklichen oder künftig sich geltend machenden Werte resp.

---

[1]) Man kann hier über Worte streiten wollen und sagen: Wertschätzung schliesse auch Lust ein, und Lust Wertschätzung. Dann wollten wir sagen: Eine bestimmte Art von Lust oder Wertschätzung, eben die, welche wir unbedingte Wertschätzung nennen, und welche als solche in dem Begriffe des concreten Bewusstseins sich gründet, darf auch von dem sittlichen Willen als Bestimmungsgrund desselben nicht abgetrennt werden, sondern gehört notwendig und begrifflich zu demselben. Diese unbedingte Wertschätzung ist, eben weil sie aus dem Begriffe des Bewusstseins selbst sich ergiebt, nichts weniger als individuell, sondern gerade für jedes Bewusstsein notwendig und allgemeingültig.

Dass die Ethik auf solche zu dem Begriffe des Bewusstseins gehörige unvermeidliche Wertschätzung zu basiren sei, ist ein Gedanke, den der Verfasser den Vorlesungen des Herrn Prof. Wilhelm Schuppe in Greifswald verdankt.

Unwerte dessen, was man will oder tut, welcher Wert unmittelbar als solcher gefühlt wird. Ohne eine solche Beteiligung des wertschätzenden Gefühls giebt es überhaupt kein Handeln und kein Wollen (ja auch kein Vorstellen und überhaupt kaum eine Seelenregung). Auch der sittliche Wille setzt daher eine Wertschätzung voraus, zwar er eine unbedingte, unvermeidliche, zu dem Begriffe des Bewusstseins selbst gehörige Wertschätzung, aber doch immer eine Wertschätzung, und in ihr gerade hat er seinen Grund und Ursprung. Diese Wertschätzung aber ist natürlich Wertschätzung eines Etwas oder eines Objectes, nämlich derjenigen Bewusstseinsmomente, auf welche sich die unvermeidliche Wertschätzung bezieht. Auch Kant selbst kann den Begriff der Wertschätzung nicht völlig aus der Moral entfernen: bei seinen Lehren vom höchsten Gute und, wenn man hiervon absehen will, bei seinen Aufstellungen über die Achtung als Triebfeder zum moralischen Gesetze und über das Interesse, das wir an der Befolgung des Sittlichen nehmen, schiebt sich der Begriff der Wertschätzung — und damit die Rücksicht auf ein wertgeschätztes Object — doch wieder ein. Doch lassen wir dies ausser Acht, so soll allerdings — so unmöglich es uns auch dünken muss — keinerlei Rücksicht auf ein Object oder eine Materie den Willen, sofern er sittlich ist, bestimmen. Zwar anerkennt Kant ausdrücklich (Kr. pr. V. p. 39, Anm. 1), dass alles Wollen auch einen Gegenstand oder eine Materie haben müsse; aber er meint, dieser Gegenstand brauche darum noch nicht, und dürfe beim sittlichen Willen nicht, zugleich Bestimmungsgrund des Willens sein. Dies ist aber ein Irrtum. Das Object des Willens oder der gewollte Gegenstand wird allemal auch wertgeschätzt, und er gerade ist es, der darum den Willen bestimmt: sonst würde er gar nicht gewollt werden. Und umgekehrt kann der Wille nur durch ein Etwas bestimmt werden, das er will. Der (wertgeschätzte) Gegenstand des

Willens und der (dieser Wertschätzung seine Kraft verdankende) Bestimmungsgrund des Willens fallen stets zusammen und können bei keinem Wollen fehlen.¹) Doch kehren wir zu Kant zurück. Weil der Bestimmungsgrund des sittlichen Wollens nicht in einem gewollten Inhalte liegen kann, so muss er — dies ist die unmittelbare Folgerung Kant's — in der (eben dadurch gesetzgebenden) Form des sittlichen Wollens, d. i. in der Form der allgemeinen Gesetzmässigkeit, mit welcher das Sittliche gebietet, liegen, und der Inhalt, den doch auch das sittliche Wollen haben muss, kann nur aus oder auf Grund der Form selbst hinzugefügt werden, darf aber nicht umgekehrt dem Willen als Bedingung (das wäre als Bestimmungsgrund) zu Grunde liegen. Dieser Schluss, und ebenso schon die ihn begründende Behauptung, dass der Bestimmungsgrund des sittlichen Willens nicht in einem Inhalte desselben gefunden werden dürfe, war nur möglich unter einer bestimmten Voraussetzung über das Verhältniss des Inhalts eines Gesetzes (speciell eines moralischen Gesetzes) zu seiner Form. Nach Kant kann die Form

¹) Dass solche Fälle, in denen etwas getan und also gewollt wird, ohne dass das Gewollte direct wertgeschätzt wird und den Willen bestimmt, keinen Einwand gegen das Gesagte darbieten, braucht wol nicht erst ausführlich nachgewiesen zu werden. — Ebenfalls nur eine scheinbare Ausnahme von der Zusammengehörigkeit von Wollen und Wertschätzung bilden solche selten vorgekommenen Fälle, wo jemand, der irgend eine — selbst verbrecherische — Tat sich lebhaft vorstellte und sogar ihre Scheusslichkeit mitvorstellte, dennoch bloss durch die Vorstellung der Tat, welche letztere also gar nicht als eine wertvolle und tuenswürdige, sondern im Gegenteil als eine abscheuliche gefühlt wurde, zu ihrer Vollbringung getrieben worden ist. In solchen Fällen sind in Folge der Vorstellung der Tat — unter Mitwirkung einer vorhandenen Unbeholfenheit und Schwerbeweglichkeit des Seelenlebens, vielleicht auch aus Anlass rein physiologischer Einflüsse — heftige Spannungsgefühle entstanden, die in jener Tat sich auszulösen strebten, und deren Auslösung dann eben als wertvoll empfunden wurde. Vgl. hierzu Baumann, Handbuch der Moral, Leipzig 1879, am Schluss des ersten Abschnittes. Einige Beispiele der erwähnten Erscheinung siehe auch bei Steinthal, Abriss der Sprachwissenschaft, Teil 1: Die Sprache im allgemeinen (a. u. d. T.: Einleitung in die Psychologie und Sprachwissenschaft), Berlin 1871, p. 285.

unabhängig von dem Inhalte für sich allein bestehen und also Princip des moralischen Gesetzes sein. Zwar hat auch die Form notwendig wieder einen Inhalt; aber dieser Inhalt wird erst aus und durch die Form selbst erzeugt — (wieweit das angeht, werden wir gleich sehen) —, sodass also doch die Form ihre Selbständigkeit behält und namentlich von allem Inhalte absieht, der zugleich Bestimmungsgrund des Willens wäre. Solche Selbständigkeit ist aber der Form keinesfalls zuzugestehen. Die Form des moralischen Gesetzes ist nichts als „die allgemeine Gesetzmässigkeit der Handlungen überhaupt" (Grundl. p. 20), also nichts als der rein abstracte Begriff: allgemeine Gesetzmässigkeit, absolute (moralische) Notwendigkeit für Alle. Diese Notwendigkeit muss aber doch Notwendigkeit von Etwas sein, Notwendigkeit von einem Inhalte oder einem Gesetze, welches eben notwendig ist. Gesetzmässigkeit setzt doch notwendig einen Inhalt voraus, der eben gesetzmässig ist oder dessen Gesetzmässigkeit eben die Gesetzmässigkeit ist. Die „Form" des moralischen Gesetzes kann also zwar wol abstrahendo für sich allein gedacht werden, aber doch stets nur als Form eines Inhaltes, eben des inhaltlich bestimmten moralischen Gesetzes. Wenn von dem Gesetze aller Inhalt oder alle Materie abgesondert wird, so bleibt gar nicht, wie Kant will (Kr. pr. V. § 4, Lehrsatz III, p. 30; cf. § 6, Aufgabe II, p. 33), die blosse Form einer allgemeinen Gesetzgebung als etwas, das nun noch für sich allein selbständig bestünde, übrig, sondern dann ist mit der Aufhebung des Inhalts zugleich auch die Form (die ja nur als des Inhalts Form existirte) tatsächlich aufgehoben, und der rein abstracte, leere Gedanke der blossen Form, der allenfalls noch übrig bleibt, ist doch nur unter dem Vorbehalte denkbar, dass er zu seiner Realisirung eines Inhalts als Voraussetzung bedarf. Es kann also die blosse abstracte Form, als nichts für sich Bestand Habendes, auch nicht Bestimmungsgrund des Willens sein (vielmehr muss solcher, wie gezeigt worden, immer im gewollten Inhalte liegen), noch auch dem Inhalte so selbständig gegenüberstehen, dass sie diesen erst aus sich selbst erzeugte (da vielmehr die Form ohne Voraussetzung des Inhalts ein völlig leerer Begriff bleibt). Wie denkt nun Kant sich diese Erzeugung des Inhalts aus der Form vor sich gehend? Eine Frage, die auch so ausgedrückt werden kann: Wie folgen nach Kant aus der Formel des kategorischen Imperativs inhaltlich bestimmte Moralgesetze? (Denn der kategorische Imperativ ist eben nur der Ausdruck der gesetzgebenden Form.) Ganz so, wie man eigentlich erwarten müsste, geschieht diese Erzeugung des Inhalts nun doch nicht, nämlich nicht ganz rein und direct aus der gesetzgebenden Form, — weil eben in der Tat rein und nur aus der Form nie ein wirklicher Inhalt herausgezaubert werden kann. Denn die blosse gesetzgebende Form besagt nur: dass Alle nach einem gemeinsamen und notwendigen Gesetze handeln sollen, oder dass die Handlungsweise Aller gesetzmässig übereinstimmen soll. Aber worin, in welchem inhaltlich bestimmten Tun, sollen sie denn übereinstimmen? Darüber erhalten wir durch den blossen Begriff der Form oder der allgemeinen Gesetzmässigkeit keine Auskunft. Die Form, ganz für sich genommen, würde eigentlich nur lehren: Alle sollen übereinstimmen, und zwar sollen sie darin übereinstimmen, — dass sie übereinstimmen [1]. — Damit diese Consequenz

---

[1] Es wäre das ein würdiges Analogon zu Leibnitz' vorstellenden Monaden, die als reine Vorstellungstätigkeit auch nie zu einem Inhalte des Vorstellens gelangen können. Das Wesen jeder Monade ist Vorstellung, und zwar stellt jede Monade jede andere vor, d. h., da das Wesen der anderen Monaden ebenfalls in Vorstellen aufgeht, sie stellt das Vorstellen der anderen Monaden vor. Diese andern stellen aber natürlich ihrerseits nur wieder vor, was die andern vorstellen. So stellt jede Monade vor, — was die andern vorstellen, und diese andern haben selbst auch nichts Anderes, das greifbarer wäre, vor-

vermieden und ein wirklicher Inhalt gewonnen werde, wird nun, statt rein aus der Form selbst den Inhalt hervorgehen zu lassen, die Form nur als ein Massstab für den von aussen an sie herangebrachten Inhalt, d. i. die inhaltlich bestimmte Maxime, gebraucht, um dieselbe zu prüfen, ob sie in die Form hineinpasse, d. h. sich zur allgemeinen Gesetzgebung schicke und also ein sittliches Gesetz ergebe, oder nicht. So ist nun freilich doch nicht so ganz, wie es eigentlich der Fall sein sollte, — und darin liegt genau genommen eine gewisse Inconsequenz — die blosse Form des Gesetzes „zugleich ein Grund, die Materie zum Willen hinzuzufügen" (Kr. pr. V. p. 40), dergestalt, dass sie die Hinzufügung einer bestimmten Maxime erforderte; sondern sie gestattet nur die Hinzufügung einer Materie, nachdem solche von anderswoher — nämlich nach geheimer Anleitung der allbekannten sittlichen Vorstellungen — ihr zur Hinzufügung ist angeboten worden.

Wonach wird nun das Hineinpassen einer inhaltlich bestimmten Maxime in die Form der allgemeinen Gesetzmässigkeit bemessen? Welches ist das Kriterium, nach welchem eine Maxime für tauglich zu einer allgemeinen Gesetzgebung erachtet wird, oder nach welchem wir „wollen können", dass unsere Maxime als allgemeines Gesetz gelte? Dies Kriterium ist nicht gleich, wie Schopenhauer (Mor. p. 155 ff.) urteilt, die Uebereinstimmung der als allgemeines Gesetz gedachten Maxime mit den Forderungen des Egoismus, sondern nach Kant's eigener und eigentlicher Absicht viel

zustellen. — Dem ganz analog würden nach jener Kant'schen Consequenz vom Uebereinstimmen im Uebereinstimmen Alle dasjenige wollen (resp. sollten es wollen), was auch die Andern wollen, diese Andern aber auch wieder nur das wollen, was alle Andern wollen, ohne dass jemand sonst irgend ein Etwas wollte.

Schopenhauer, der (Mor. p. 165) auf die obige Kant'sche Consequenz — wenn auch etwas anders, als von uns geschehen — aufmerksam macht, irrt nur darin, dass er in dieser Consequenz Kant's wirkliche Lehre erblickt.

consequenter — weil dabei noch nicht über den Formbegriff
selbst hinausgegangen wird — die Uebereinstimmung resp.
der Widerspruch der als allgemeingültig vorgestellten Maxime
mit sich selbst. Wenn eine Maxime, als allgemeines Naturgesetz gedacht, sich nicht selbst durch inneren Widerspruch
zerstört und aufhebt, dann ist sie zu einem allgemeinen praktischen Gesetze geeignet: dies wird als das eigentliche Kriterium
bezeichnet, nach welchem die Tauglichkeit einer Maxime zu
einem allgemeinen praktischen Gesetze entschieden werden
soll [1]. — Durch dieses Kriterium scheint in der Tat ein
Anhalt für die inhaltliche Unterscheidung der sittlichen von
den unsittlichen Handlungen gewonnen zu sein. Wenigstens
der consequente Egoismus scheint abgewiesen. Denn ein
solcher, so scheint es, würde, als allgemeines Gesetz gedacht,
sich selbst widersprechen. Aber ist es wirklich — rein die
Tatsache für sich betrachtet -- ein Widerspruch, wenn Alle
consequente Egoisten wären? Es würde solche von Allen
geübte egoistische Handlungsweise vielleicht mit den egoistischen Interessen der Betreffenden selbst in Widerstreit
geraten: aber an sich kann in dem Egoismus Aller doch kein
Widerspruch entdeckt werden, welcher zur Folge hätte, dass
solch allseitiger Egoismus etwa gar nicht als möglich gedacht
werden könnte. Auch Kant's Beispiele erweisen nicht die
Zulänglichkeit dieses Kriteriums. (So soll es nicht widerspruchsfrei gedacht werden können, dass Selbstmord wegen
unerträglicher Leiden des Lebens allgemein statt finde! [Vgl.
Grundl. p. 45, und dasselbe Beispiel Kr. pr. V. p. 53.] —

[1] Vgl. unter anderm Kr. pr. V. p. 31: „. . . dass ein solches Princip,
als Gesetz, sich selbst vernichten würde." Grundl. p. 22: „. . . mithin
meine Maxime, sobald sie zum allgemeinen Gesetze gemacht würde, sich
selbst zerstören müsse." Grundl. p. 46: „Da sehe ich nun sogleich, dass
sie (sc. die Maxime) niemals als allgemeines Naturgesetz gelten und mit sich
selbst zusammenstimmen könne, sondern sich notwendig widersprechen müsse."

Allgemeine Ableugnung eines unerweislichen Depositums soll machen, dass es überhaupt kein Depositum gäbe [Kr. pr. V. p. 30 f.]. Aber liegt denn eben darin ein logischer Widerspruch, dass es kein Depositum gäbe, und dass also, wenn jemand doch einem Anderen ein Besitztum anvertraute, dieser es regelmässig ableugnete?) In Wahrheit ist das genannte Kriterium viel zu weit. Nach demselben würden alle nur möglichen Handlungsweisen, die überhaupt nur ohne logischen Widerspruch als allgemein befolgt gedacht werden könnten, zu allgemeinen praktischen Gesetzen tauglich und also sittlich sein. Der Kampf Aller gegen Alle, Laster und Verbrechen jeder Art wären nach diesem Kriterium durchaus sittlich: denn es wäre doch in der Tatsache rein als solcher, dass Alle nach Kräften sich gegenseitig befehdeten und schädigten, einander belügten und betrügten und ihren Lüsten und Begierden nachhingen, beim besten Willen kein logischer Widersinn zu entdecken.

Dass die zu grosse Weite des gedachten Kriteriums nicht sogleich bemerkt wird, hat darin seinen Grund, dass heimlich zwei andere, von ausserhalb des Formbegriffes herbeigeholte Kriterien neben und an Stelle des ersten sich einschieben. Da wird denn einmal die Tauglichkeit einer Handlungsweise zum allgemeinen Sittengesetze doch darnach beurteilt, ob die betreffende Handlungsweise und ihre Folgen, als allgemein geschehend vorgestellt, mit den Ansprüchen des Egoismus in Einklang sein würden oder nicht. Eine Handlung wäre hiernach sittlich, wenn ich, und zwar in Rücksicht auf mein eigenes Wol, „wollen kann", dass die Handlung allgemein geschehe, in der Weise, dass ich dabei nicht bloss der ausübende, sondern auch der leidende Teil wäre. In dieser Zulassung des Egoismus, nachdem derselbe vorher als materialer Bestimmungsgrund des Willens auf das nachdrücklichste und bestimmteste von der Begründung der Moral abgewiesen worden ist, liegt eine grobe Inconsequenz. Von dem Vorwurfe derselben ist es unmöglich Kant zu reinigen: die betreffenden Stellen sprechen zu deutlich [1]). Zur Entschuldigung Kant's lässt sich nur anführen, dass diese Connivenz gegen den Egoismus sich nicht unmittelbar bei der Aufstellung und Erklärung des kategorischen Imperativs findet, also so zu sagen nicht ganz officiell anerkannt wird, sondern nur in den zur Erläuterung beigebrachten Beispielen zu Tage tritt, und auch hier nicht, ohne dass nicht an andern Stellen (siehe oben p. 69 Anm [1]) auch das consequentere Kriterium der logischen Uebereinstimmung der als allgemeingültig gedachten Maximen mit sich selbst hervorgehoben würde.

Endlich wirkt bei der Prüfung der Maximen auf ihre Tauglichkeit zum allgemeinen Gesetze noch ein drittes Kriterium mit, das zwar noch weniger als das zu zweit genannte

[1]) Z. B. Grundl. p. 22: Ich kann die Lüge nicht als allgemeines Gesetz wollen, weil dann die Andern mich „mit gleicher Münze bezahlen würden." Ibid. p. 46: Die Allgemeingültigkeit eines Gesetzes, sein Versprechen nicht zu halten, würde zur Folge haben, dass „niemand glauben würde, dass ihm was versprochen sei, sondern über alle solche Aeusserungen, als eitles Vorgeben, lachen würde", (d. h. dass wir also auf den Vorteil, den uns unsere eigene Glaubwürdigkeit bringen würde, verzichten müssten). Recht augenfällig ist die Stelle ibid. p. 47: Ein Wille, der beschlösse, niemandem in der Not beizustehen, „würde sich selbst widerstreiten, indem der Fälle sich doch manche ereignen können, wo er Anderer Liebe und Teilnahme bedarf, und wo er durch ein solches aus seinem eigenen Willen entsprungenes Naturgesetz sich selbst alle Hoffnung des Beistandes, den er sich wünscht, rauben würde." Vgl. auch Kr. pr. V. p. 83: „Wenn ein Jeder ... sich erlaubte zu betrügen ... oder Anderer Not mit völliger Gleichgültigkeit ansähe, und du gehörtest mit zu einer solchen Ordnung der Dinge, würdest du darin wol mit Einstimmung deines Willens sein?"

Dies Zugeständniss gegen den Egoismus wird auch von Schopenhauer, der auch die eben citirten Stellen aus Kant anführt, weitläufig hervorgehoben, aber so, als ob diese Interpretation des „Wollen Könnens" die eigentlichst und geradezu von Kant beabsichtigte wäre (vgl. Mor. p. 156 ff.), während doch, wie wir gesehen haben, nach Kant's eigentlicher Absicht die Tauglichkeit einer Maxime zur allgemeinen moralischen Gesetzgebung darnach beurteilt werden soll, ob die Maxime widerspruchslos sich als allgemeines Gesetz denken lässt, nicht darnach, ob sie als allgemeines Gesetz sich mit dem Egoismus vertrage.

ausdrücklich anerkannt wird, welches aber doch zur Unterstützung der andern die geheime Voraussetzung bildet. Es ist dies die Uebereinstimmung der als allgemeingültig vorgestellten Maxime nicht mit sich selbst, auch nicht mit den Forderungen des egoistischen Interesses, sondern — mit den allgemein herrschenden sittlichen Vorstellungen und Grundsätzen. Einigermassen deutlich lässt sich dieses Kriterium als zu Grunde liegend erkennen in dem unter Nummer 3) auf p. 46 der Grundl. angeführten Beispiele. Demselben zufolge findet sich jemand durch seine Neigung dazu angetrieben, ein in ihm vorhandenes Talent unausgebildet zu lassen und lieber seinem Vergnügen nachzuhängen. Er will aber prüfen, ob diese seine Neigung sittlich sei, d. h. untersuchen, ob sie zu einem allgemeinen Naturgesetze tauglich sein würde. „Da sieht er nun, dass zwar eine Natur nach einem solchen allgemeinen Gesetze immer noch bestehen könnte, obgleich der Mensch (sowie der Südsee-Einwohner) sein Talent rosten liesse und sein Leben bloss auf Müssiggang, Ergötzlichkeit, Fortpflanzung, mit einem Wort auf Genuss zu verwenden bedacht wäre —" hier wird also das erste Kriterium (die Möglichkeit, die zu prüfende Maxime als allgemeines Naturgesetz widerspruchsfrei denken zu können) ausdrücklich als nicht ausreichend zugestanden (ebenso auch in dem vierten Beispiel, p 47), um darnach die factische Befähigung der Maxime zur allgemeinen sittlichen Gesetzgebung zu beurteilen, während doch sonst und nach der Consequenz der ganzen Gedankenreihe gerade jene Denkmöglichkeit, resp. der innere Widerspruch, der allgemein vorgestellten Maxime das Kriterium darbieten sollte. Ein anderes Kriterium ist auch aus der blossen gesetzgebenden Form, oder dem abstracten Gedanken allgemeiner Gesetzmässigkeit überhaupt, consequenterweise nicht zu gewinnen; jedes andere Kriterium beruht auf einer Inconsequenz. Kant wendet hier aber doch ein anderes (drittes)

Kriterium an, indem er fortfährt: „Allein er kann unmöglich wollen, dass dieses ein allgemeines Naturgesetz werde oder als ein solches in uns durch Naturinstinct gelegt sei. Denn als ein vernünftiges Wesen will er notwendig, dass alle Vermögen in ihm entwickelt werden, weil sie ihm doch zu allerlei möglichen Absichten dienlich und gegeben sind." Warum will er notwendig das Letztere und kann das Erstere unmöglich wollen? Es wird zwar auch hier wieder an den Egoismus appellirt („zu allerlei möglichen Absichten dienlich"). Aber wir möchten behaupten, dass Kant daneben auch der Gedanke vorgeschwebt hat (der ihn zugleich die Berufung auf den Egoismus desto eher übersehen liess), dass wir eine Vernachlässigung unserer Geistesgaben deshalb nicht „wollen können", weil eine solche den allgemein geübten sittlichen Lebensgewohnheiten zuwider wäre. Dieser Gedanke, als Kriterium für die Tauglichkeit einer Maxime zur allgemeinen sittlichen Gesetzgebung gebraucht, schliesst natürlich eine petitio principii ein: denn es handelt sich hier ja gerade um die Ableitung der besonderen sittlichen Gesetze und Lebensformen erst aus dem Begriffe der gesetzgebenden Form: jene dürfen also dabei nicht schon vorausgesetzt werden.

Gleichwol scheint das gedachte Kriterium ganz allgemein bei Kant versteckterweise mitzuspielen.

Denn die Rücksicht auf die allgemein herrschenden sittlichen Anschauungen und Urteile ist es eigentlich, welche vorher heimlich über die Tauglichkeit der Maximen zur allgemeinen Gesetzgebung entscheidet, damit dann um so sicherer die Entscheidung zum Scheine nur von der logischen Uebereinstimmung der allgemein gedachten Maxime mit sich selbst abhängig gemacht werden kann. Indem die logische Uebereinstimmung als Kriterium für die Tauglichkeit der Maxime genannt wird, ist dabei doch darauf gerechnet, dass der Leser die Tauglichkeit unwillkürlich schon an seinem sittlichen Bewusstsein bemessen und darum nicht bemerken werde, wie jenes Kriterium viel zu weit und rein tautologisch ist; und als noch kräftigere Aushülfe tritt denn gar der Appell an den Egoismus ein. Uebrigens bleibt die Berufung auf die herrschenden sittlichen Vorstellungen um so leichter unbemerkt, als es ja gerade diese allgemein feststehenden sittlichen Anschauungen selbst sind, aus denen durch Abstraction der Begriff der gesetzmässigen Form gewonnen wurde, welche Form nun ihrerseits, als auch gesetzgebende Form, die inhaltlich bestimmten Maximen, also wieder die allgemein feststehenden sittlichen Grundsätze, aus sich erzeugen soll. Die sittlichen Grundsätze gehören ja als Inhalt zu jener gesetzmässigen Form: darum ist man um so eher geneigt, nachher, wo aus der Form den Inhalt abzuleiten versucht werden soll, diesen — und damit freilich das probandum — einfach wieder vorauszusetzen.

Es erweisen sich also die sämmtlichen drei Kriterien, durch deren teils offene teils mehr versteckte Anwendung Kant eine inhaltlich bestimmte Maxime auf ihre Schicklichkeit zur Form der allgemeinen Gesetzmässigkeit zu prüfen unternimmt, und welche, worauf wir hier nicht näher eingehen konnten, bei den einzelnen Beispielen mehrfach durch einander spielen, als teils unstatthaft, teils ihren Zweck verfehlend. Und es war kein anderes Resultat zu erwarten, da es überhaupt unmöglich erscheinen musste, aus dem blossen Begriffe der Form allgemeiner Gesetzmässigkeit zu einem Inhalte dieser Form zu gelangen.

§ 8.

Ueber unsere Meinung von der transscendentalen Freiheit wollen wir uns kurz fassen. Die transscendentale Freiheit beruht gänzlich, wie wir sahen (vgl. § 5 dieses Kap., p. 59 f.), auf der Voraussetzung des Begriffes vom Dinge an sich. Nun sind wir der Ansicht, dass das Ding an sich nicht etwa nur nicht erkannt werden kann, sondern dass dasselbe auch durchaus gar nicht als existirend zu denken ist, ja, dass der Begriff des Dinges an sich als ein mit innern Widersprüchen behafteter Unbegriff gänzlich aufgegeben werden muss. Auf die dem Begriffe vom Dinge an sich anhängenden Schwierigkeiten und Widersprüche — dass das Ding an sich eine unstatthafte Anwendung des Causalitätsbegriffes einschliesst, dass dem Dinge an sich durch Aberkennung jeder Erkennbarkeit und also Aberkennung jeder vorstellbaren Beschaffenheit auch jede mögliche Existenz begrifflich abgesprochen wird, dass das Ding an sich als Begriff doch immer gedacht werden muss, während doch andererseits gerade wieder zu dem Begriffe des Dinges an sich es gehören soll, ganz unabhängig von allem Denken zu sein, dass das Verhältniss des Dinges an sich zu der Erscheinung und zu unserm Erkennen derselben ein begrifflich unklares bleibt und bleiben muss, dass das Ding an sich Schwierigkeiten schafft, ohne eine einzige aufzulösen, — hierauf, sowie auf Widerlegung etwaiger Einwände gegen die Aufhebung des Begriffes vom Dinge an sich, namentlich auf Klärung des Missverständnisses, als ob durch Beseitigung des Begriffes vom Dinge an sich der Erkenntniss ihre objective Realtiät genommen werde und alle Vorstellung in „blossen Schein" sich verpflüchtige, können wir der Kürze halber an dieser Stelle uns nicht des näheren einlassen. Wir verweisen desbezüglich auf Wilhelm Schuppe's „Erkenntnisstheoretische Logik" (Bonn, 1878). Durch richtige Fassung des Existenzbegiffes — Existenz als ursprüngliche oder primäre Existenz = Existenz des (jedem allerbekanntesten, concreten) bewussten Ich und dessen, was als begriffliche Bedingung desselben sich ergiebt; und Existenz im zweiten, auf den ersten sich gründenden Sinne = Wahrgenommen Werden oder Wahrnehmbar Sein, resp. auf den Begriff der Wahrnehmbarkeit zurückgehen — durch Verständniss des Existenzbegriffes in dem angedeuteten Sinne wird der Begriff des Dinges an sich entbehrlich und sich selbst widersprechend.

Kant leugnet die **Erkennbarkeit** des Dinges an sich; aber er leugnet nicht auch die widerspruchslose **Denkbarkeit** derselben. Vielmehr ist der Begriff des Dinges an sich nach seiner oft vorgetragenen Lehre ein durchaus denkmöglicher, ja **notwendiger** Begriff. In dieser Behauptung liegt der Irrtum Kant's. Freilich hätte ihn die Consequenz seiner Erkenntnisstheorie zur Leugnung auch der Denkbarkeit des Dinges an sich führen sollen. Wenn alle unsere Erkenntniss sich zusammensetzt aus dem durch die Sinnlichkeit dargebotenen — also durchaus erfahrungsmässigen und der Erscheinung angehörigen — Materiale einerseits und andrerseits den apriorischen Formen der Erkenntniss, welche, da ihr Wesen darin besteht, jenes erscheinungs- und erfahrungsmässige Material in die Einheit des Bewusstseins zu erheben und so die wirkliche Erkenntniss erst möglich zu machen, natürlich ebenfalls nur für Erscheinung und Erfahrung Sinn und Gültigkeit haben; wenn so also alle unsere Erkenntniss notwendig auf Erfahrung und Erscheinung eingeschränkt bleibt: so hätte daraus allerdings folgen sollen, nicht nur, dass das jenseits der Erfahrung Liegende nicht erkannt werden kann, sondern dass überhaupt der **Begriff** einer nicht-erfahrbaren Existenz als widersprechend aufzugeben sei. Dass Kant diese Consequenz nicht streng gezogen hat [1], lag daran, dass er den Existenz-

---

[1] Allerdings giebt es auch wenige Stellen bei Kant, wo in richtiger Consequenz seiner Erkenntnisstheorie der Gedanke an ein existirendes Ding an sich deutlich ausgeschlossen erscheint. So am entschiedensten im zweiten Abschnitt der „Deduction der reinen Verstandesbegriffe", wie er in der **ersten Auflage** der Kr. r. V. sich findet, namentlich daselbst in dem Passus „3. Von der Synthesis der Recognition im Begriffe." (p. 663—688). Vgl. z. B. p. 664: „ . . weil wir ausser unserer Erkenntniss doch nichts haben" (nämlich kein Ding an sich). „welches wir dieser Erkenntniss als correspondirend gegenübersetzen könnten." Denn der „(transscendentale) Gegenstand = x", in der Beziehung auf welchen die objective Realität unserer empirischen Erkenntnisse

begriff, obwol er ihn im wesentlichen richtig erkannt hatte, doch nicht ganz klar genug durchgeführt und zu Ende gedacht

besteht (p. 668). ist hier keineswegs etwa das Ding an sich (wenngleich es an einer Stelle, p. 667, Ende des ersten Absatzes fast, so scheinen könnte), sondern er bezeichnet nur die „Einheit in der Regel", d. i. die durch die transscendentale Apperception (oder das Bewusstsein als solches) bewirkte Einheit in unserer Erkenntniss nach Regeln und Gesetzen. Durch den Begriff des transscendentalen Gegenstandes soll also, verständlicher und weniger in Kant'scher Sprache geredet, nur ausgedrückt werden, dass die Erscheinungen oder die Data der Sinnlichkeit, damit sie in die Einheit des Bewusstseins aufgenommen werden und so überhaupt erst wirkliche (selbstverständlich erscheinungsmässige) Erkenntniss abgeben können, sich den in dem Bewusstsein liegenden Einheitsgesetzen (sc. der Einheit des Begriffes und des Urteils) natürlich fügen müssen, also selbst zur Einheit des Begriffes und des Urteils zusammengefasst werden müssen. Der Begriff oder die Regel solcher einheitlichen Zusammenfassung ist das, was Kant hier „transscendentalen Gegenstand = x" nennt, — In eben demselben Sinne ist der Ausdruck „transscendentaler Gegenstand" oder „transscendentales Object" auch in den beiden (ebenfalls ausschliesslich der 1. Auflage angehörenden) Stellen p. 259 und p. 261 (in dem Abschnitte „Phänomena und Noumena") zu interpretiren. An der letzteren Stelle wird der transscendentale Gegenstand ausdrücklich von dem Noumenon unterschieden.

Dagegen an allen andern (teils der 1. Auflage allein, teils der 1. und 2. gemeinsam angehörigen) Stellen der Kr. r. V., in denen Kant von transscendentalem Objecte oder transscendentalem Gegenstande spricht, meint er damit durchweg gerade das Ding an sich oder das Noumenon, also, wie er öfter ausdrücklich hinzugefügt, dasjenige, was der Erscheinung als deren unbekannte, intelligible, unseren Sinn afficirende Ursache, die mithin selbst nicht Erscheinung sei, zu Grunde liege. — Belegstellen ausschliesslich aus der 1. Auflage sind: p. 689: „Als Noumenon (oder besser, als transscendentaler Gegenstand)"; p. 690; p. 694: „Ding an sich (transscendentales Object"; p. 699; p. 703; p. 711; p. 712; p. 713. Beiden Auflagen gemeinsam sind folgende einschlägige Stellen: p. 287: Der Verstand denkt sich „einen Gegenstand an sich selbst, aber nur als transscendentales Object, das die Ursache der Erscheinung (mithin selbst nicht Erscheinung) ist. . . . Wollen wir dieses Object Noumenon nennen, . . . so steht dieses uns frei". (Hier ist also transscendentaler Gegenstand gleich Ding an sich, während vorher, Kr. r. V. p. 261, der transscendentale Gegenstand ,der da etwas Anderes bezeichnete' vom Noumenon streng getrennt gehalten wurde.) p. 399; p. 410: „Indessen können wir die bloss intelligibele Ursache der Erscheinung überhaupt das transscendentale Object nennen". p. 439 und 440; p. 444; p. 452; p. 458; p. 536.

Eine Unterart oder besondere Anwendung des transscendentalen Objectes (in dem zu zweit besprochenen Sinne) ist das transscendentale Subject, welches das Ding an sich der Seele bezeichnet. Vgl. Kr. r. V. pp. 687, 399 Anmerkung, 444.

hat. So konnte er, nach einem von ihm selbst gebrauchten Bilde [1]), meinen, die Insel der Erfahrung und der wirklichen Erkenntniss sei noch umgeben von einem Ocean des Uebersinnlichen, Unerfahrbaren, Transscendenten, der Dinge an sich oder der Noumena, auf den hinaus sich zwar unsere Erkenntniss nicht wagen dürfe und könne, der aber doch wenigstens vorhanden sei und als vorhanden gewusst werde. Es hilft zu nichts, dass die Existenz solcher Dinge an sich oder Noumena wieder limitirt wird durch Wendungen, wie: sie seien nur ein „Standpunkt", nur ein „Grenzbegriff", nur eine „Einschränkung" oder gar nur eine „negative Erweiterung" (!) (Kr. r. V. p. 265) unserer Erkenntniss, oder wir erkennten nur die „Verknüpfung" oder das „Verhältniss" jenes Unbekannten zu dem Bekannten. Denn immer bleibt doch die — wenn auch etwas modificirte — Existenz des Dinges an sich anerkannt und schon damit auch eine gewisse Erkenntniss desselben behauptet, während gerade der Begriff einer solchen übersinnlichen, noumenalen Existenz und einer irgendwie beschaffenen Erkenntniss oder Quasi-Erkenntniss derselben an unheilbaren Widersprüchen krankt.

Ist also der Begriff des Dinges an sich hinfällig, so ist damit auch dem Begriffe der transscendentalen Freiheit der Boden entzogen. Ueberdies ist der Begriff der transscendentalen Freiheit, auch für sich betrachtet, voller Unklarheiten und Schwierigkeiten; zumal die Lehren über die Wirkungsweise der Freiheit und über ihr Verhältniss zu dem Menschen als Sinnenwesen (das Verhältniss des intelligibeln Charakters zum empirischen) leiden an Dunkelheiten, die ganz aufzuhellen auch die günstigste Interpretation schwerlich je im Stande sein möchte. —

[1]) Kant, Kr. r. V. p. 249; vgl. auch Prol. p. 115: „Unsere Vernunft aber sieht gleichsam um sich einen Raum für die Erkenntniss der Dinge an sich".

Die in den vorangegangenen Erörterungen an den Begriffen der gesetzgebenden Form und der transscendentalen Freiheit versuchte Kritik lässt gleichwol, wie schon oben (vgl. Kap. II, § 2) angedeutet worden, den eigentlichen Grundgedanken der Kant'schen Ethik vollkommen unangetastet, den Gedanken nämlich, dass die sittliche Wertschätzung aus dem Begriffe der Vernunft oder des Bewusstseins selbst, als in ihm unvermeidlich enthalten, müsse begründet werden. Nur die besondere Ausführung, welche Kant diesem Grundgedanken geliehen hat, wird als misslungen bezeichnet werden müssen.

§ 9.

Hier scheint uns der passende Ort zu sein, einschaltungsweise noch auf einen Fehler allgemeinerer Natur in Schopenhauer's Kritik der Kant'schen Moraltheorie aufmerksam zu machen. Nach Schopenhauer lassen sich in der Kant'schen Ethik, ebenso wie nach unserer Darstellung derselben, unterscheiden die Erörterung des Was oder der Tatsache der Sittlichkeit und die Begründung dieser Tatsache. Aber er führt als Kant'sche Begründung der Ethik etwas auf, was noch durchaus zu der Darstellung der Tatsache gehört. — Die Ethik habe (Mor. p. 136) die zwei Hauptfragen zu behandeln: Was ist der Inhalt des Sittengesetzes? Und wo steht es geschrieben? Die erste Frage gehe auf das Princip oder den obersten Grundsatz (das ὅ,τι) der Ethik, d. h. den kürzesten und bündigsten Ausdruck für die Handlungsweise, welche sie vorschreibe, resp. welcher sie eigentlichen moralischen Wert zuerkenne; die zweite beziehe sich auf das Fundament (das διότι) der Ethik, d. h. auf den Grund jener Verpflichtung oder Anempfehlung oder Belobung. Diese Unterscheidung ist durchaus richtig gemacht. Nun aber wird auf p. 141 als „Kant's Begründung seines Moralgesetzes" der Gedankenprocess geboten, durch welchen er (wie wir § 2 dieses Kapitels sehen) dazu gelangt, die blosse Form der allgemeinen

Gesetzmässigkeit zugleich zum Inhalt des Sittengesetzes zu machen und als den Ausdruck dieses Verhältnisses die Formel des kategorischen Imperativs aufzustellen. Nach unserer Uebersicht über die Grundzüge der Kant'schen Ethik gehört aber die Gewinnung des Begriffes der gesetzgebenden Form und der Formel des kategorischen Imperativs offenbar noch gar nicht zu der Begründung der Ethik, sie ist vielmehr nur das Resultat einer Analyse der Tatsache des moralischen Gesetzes und wäre also von Schopenhauer mit unter den Abschnitt „Vom obersten Grundsatze der Kant'schen Ethik" zu stellen gewesen. Die Begründung der Ethik geschieht bei Kant, wie gezeigt, durch den Begriff der transscendentalen Freiheit. Diese aber hat Schopenhauer, der sie in seinem § 10 etwas sehr oberflächlich abmacht, in ihrer Bedeutung für die Begründung der Ethik in Kant's Sinne gar nicht genügend erkannt und gewürdigt. —

Wir kommen nunmehr dazu, den Ausgangspunkt der Kant'schen Ethik und Schopenhauer's Stellung zu demselben näher zu erwägen.

Kapitel V.

Das Factum des Sittengesetzes als Ausgangspunkt der ethischen Betrachtung.

§ 1.

Die Kritik der speculativen Vernunft, die es mit der Untersuchung zu tun hat, wie reine Vernunft a priori Objecte erkennen könne, musste von der Anschauung und der Sinnlichkeit anfangen, von da zu Begriffen fortschreiten und konnte erst darnach mit Grundsätzen endigen. Dagegen die Kritik der praktischen Vernunft geht den umgekehrten Weg. Denn für sie handelt es sich um keine Erkenntniss von Gegenständen, sondern um die Frage, ob und wie reine Vernunft praktisch, d. h. unmittelbar willensbestimmend sein könne. Diese Willensbestimmung aber spricht sich aus in praktischen Grundsätzen oder Gesetzen. Demnach muss die Kritik der praktischen Vernunft von solchen reinen praktischen Gesetzen oder Grundsätzen und deren Wirklichkeit anfangen und kann erst von hier zu den Begriffen der Gegenstände einer praktischen Vernunft (d. i. den Begriffen des Guten und Bösen) und weiter zu dem Einfluss der reinen praktischen Vernunft auf die Sinnlichkeit (d. i. zum moralischen Gefühle) übergehen. (Kr. pr. V. p. 16; 54 f.; 108 f.) Sie nimmt also das moralische Gesetz als ein gegebenes Factum der reinen Vernunft, dessen sich auch die gemeine Menschenvernunft unmittelbar bewusst wird und das somit als ein solches Factum für sich vollständig feststeht und gar keiner rechtfertigenden Gründe bedarf ¹). — Dieses moralische Gesetz charakterisirt sich dann näher als ein solches, welches das Moment unbedingter Verpflichtung oder absoluten Sollens in sich enthält; und hieraus wird alsdann Weiteres über die formale Natur jenes Gesetzes abgeleitet.

¹) Die Belegstellen hierfür sind: Kr. pr. V. p. 33: „Das moralische Gesetz, dessen wir uns unmittelbar bewusst werden". Ib. p. 34. „Bewusstsein jenes moralischen Gesetzes". Ib. p. 36: Man kann das Bewusstsein dieses Grundgesetzes ein Factum der Vernunft nennen". Ib. p. 50: „Ein Factum, worin sich reine Vernunft bei uns in der Tat praktisch beweist". Ib. p. 51: „Ein schlechterdings aus allen Datis der Sinnenwelt und dem ganzen Umfange unseres theoretischen Vernunftgebrauchs unerklärliches Factum". Ib. p. 53: „. . . sind wir uns durch die Vernunft eines Gesetzes bewusst". Ib. p. 55: „Bewusstsein der moralischen Gesetze". Ib. p. 56: „Auch ist das moralische Gesetz gleichsam als ein Factum der reinen Vernunft, dessen wir uns a priori bewusst sind, und welches apodiktisch gewiss ist, gegeben". Ib. p. 57: Das moralische Gesetz „steht für sich selbst fest" und „bedarf keiner rechtfertigenden Gründe". Ib. p. 66: „Die objective Realität eines reinen Willens . . . ist im moralischen Gesetze a priori gleichsam durch ein Factum gegeben". Ib. p. 110: Der oberste praktische Grundsatz wurde „aus dem gemeinsten praktischen Vernunftgebrauche" dargetan, als ein solcher, den jede natürliche Menschenvernunft als völlig a priori erkennt. Ib. p. 110: „Durch blosse Berufung auf das Urteil des gemeinen Menschenverstandes". Ib. p. 126: Der Grundsatz der Sittlichkeit ist „gleichsam durch ein Factum" bewiesen. Ib. p. 130: „Bewusstsein der Bestimmung des Willens unmittelbar durch's Gesetz". Ib. p. 145: „Bewusstsein des moralischen Gesetzes".

In der „Grundlegung" wird zwar das Sittengesetz nicht als ein schon feststehendes Factum betrachtet; sondern es wird zunächst nur zugesehen, wie, für den Fall dass ein Sittengesetz angenommen werden müsse, dieses zu denken sei. Aber für diese Untersuchung über die Beschaffenheit eines zunächst nur problematisch angenommenen Sittengesetzes wird ebenfalls auf das Allen bekannte sittliche Bewusstsein zurückgegangen oder auf die „gemeine Idee der Pflicht und der sittlichen Gesetze" (Grundl., Vorrede, p. 5). So hebt der erste Abschnitt der „Grundlegung" an, nach der Ueberschrift, von der „gemeinen sittlichen Vernunfterkenntniss". Vgl. im übrigen Grundl. p. 12; „Einstimmung selbst der gemeinen Vernunft". Ib. p. 14: Der Begriff des an sich guten Willens wohnt „schon dem natürlichen gesunden Verstande" bei. Ib. p. 22: „Moralische Erkenntniss der gemeinen Menschenvernunft". Ib. p. 26: Wir haben unsern bisherigen Begriff der Pflicht „aus dem gemeinen Gebrauche unserer praktischen Vernunft gezogen". — Daher auch die Charakterisirung des moralischen Gesetzes und die daraus gezogenen Folgerungen über seine formale Natur in „Grundlegung" und „Kritik" ganz gleich ausfallen.

Freilich, wenn das moralische Gesetz auch ein Factum genannt wird,

Ohne die Termini des Kant'schen Systems: Die ethische Untersuchung beginnt mit der offen vorliegenden Tatsache — und dies muss allerdings als der natürliche Ausgangspunkt erscheinen, — dass die menschlichen Handlungen einer Beurteilung unterliegen, welche eben die sittliche heisst, und welche ein Sollen, näher ein unbedingtes Sollen, kennt und zum Massstabe nimmt.

Auf letzteres, auf das Sollen, als in jener Tatsache enthalten, und Schopenhauer's Stellungnahme zu diesem Begriffe werden wir im nächsten Kapitel eingehen; hier betrachten wir, wie Schopenhauer Kant's Ausgehen von dem Factum des Sittengesetzes schlechthin, noch unangesehen des in ihm enthaltenen Sollens, beurteilt.

§ 2.

Da ist zunächst zu rügen, dass Schopenhauer Kant falsch versteht. Schopenhauer ist der Ansicht, Kant betrachte das Moralgesetz (oder den kategorischen Imperativ als eigentlichen Ausdruck desselben) n i c h t als eine Tatsache des Bewusstseins. Dies ist nach den angeführten Stellen (siehe p. 82, Anmerkung) einfach als ein Irrtum zu bezeichnen. Das Missver-

---

das schon die gemeine sittliche Vernunft in sich erkenne, so ist — hierin stimmen „Grundlegung" und „Kritik" überein — das moralische Gesetz darum doch nicht ein E r f a h r u n g s begriff, — Erfahrung in dem engeren, Kant'schen Sinne genommen, in welchem sie den Gegensatz zum apriorischen Erkennen bildet. Denn aus Beispielen der Erfahrung kann der Begriff der Sittlichkeit nicht entlehnt werden, weil es zweifelhaft ist, ob überhaupt jemals in der Erfahrung ein Fall ganz rein moralischer Handlungsweise vorkomme, und weil ein solches Beispiel, selbst wenn es wirklich vorkäme, doch den Begriff der Moralität selbst schon voraussetzte, damit es überhaupt als Beispiel des Sittlichen beurteilt und anerkannt werden könne (Grundl. p 27 ff.).

Wenn C o h e n (Kant's Begründung der Ethik, p. 224) meint, das Sittengesetz sei nach Kant ein Factum der Vernunft „nicht als verbürgte Tatsache des Bewusstseins, sondern lediglich als Ausgangspunkt der ethischen Zergliederung", so kann das nach den von uns beigebrachten Citaten nicht für den Standpunkt der „Kritik der praktischen Vernunft", sondern nur für den der „Grundlegung" Geltung beanspruchen.

ständniss rührt daher, dass Schopenhauer meint, von dem moralischen Gesetze darzutun, dass es in Kant's Sinne nicht eine Tatsache des Bewusstseins sei, wenn er aus Kant nachweist, dass es nach ihm nichts Empirisches ist ¹). Den empirischen Charakter freilich hat Kant von dem Sittengesetze nachdrücklich abgewiesen; dennoch aber ist es nach ihm eine Tatsache. Es ist — was Schopenhauer nicht erkannt hat — eine apriorische, unvermeidliche Tatsache der reinen Vernunft, deren wir uns bewusst werden, „ebenso wie wir uns reiner theoretischer Grundsätze bewusst werden, indem wir auf die Notwendigkeit, womit sie uns die Vernunft vorschreibt, und auf die Absonderung aller empirischen Bedingungen, dazu uns jene hinweist, Acht haben" (Kr. pr. V. p. 34).

Was ist nun nach Schopenhauer das Kant'sche Moralgesetz, wenn es eine Tatsache des Bewusstseins nicht sein soll? Er giebt die Antwort (Mor. p. 138; cf. ib. p. 130): Aus reinen apriorischen Begriffen ohne allen empirischen und materialen Inhalt sollen bei Kant die Gesetze des menschlichen Handelns, fast wie etwas aus nichts, concresciren, und zwar (Mor. p. 141) durch jenen „sehr subtilen Gedankenprocess", durch welchen Kant daraus, dass die Notwendigkeit des moralischen Gesetzes nicht von einem Inhalte und also nur von der Form desselben herrühren könne, die Formel des kategorischen Imperativs ableitet (in welchem Gedankenprocesse, wie wir Kap. IV, § 9 sahen, Schopenhauer fälschlich

---

¹) Mor. p. 130: Das angebliche Moralgesetz sei von Kant „nicht als eine Tatsache des Bewusstseins, ein empirisch Nachweisbares", aufgestellt; und zum Beweise für diese Behauptung wird angeführt, dass es nicht aus der Natur des Menschen oder aus den Umständen äusserer Erfahrung, also nicht aus einer empirischen Grundlage, abgeleitet werde. Ferner ib. pp. 138; 139; 141; 144; 145; 167: „Der kategorische Imperativ der praktischen Vernunft wird ausdrücklich nicht als eine Tatsache des Bewusstseins aufgestellt, oder sonst durch Erfahrung begründet. Vielmehr werden wir oft genug verwarnt, dass er nicht auf solchem anthropologisch-empirischem Wege zu suchen sei", (wofür einschlägige Stellen citirt werden).

Kant's Begründung seines Moralgesetzes erblickte). Aber diese Ableitung setzt doch schon das moralische Gesetz als Tatsache voraus und ist also doch nicht selbst erst die Feststellung desselben oder gar „der Ursprung aller moralischen Begriffe" (Mor. p. 142). Erst nachdem das Moralgesetz (mit seiner absoluten Verpflichtung) als gegebenes Factum (resp. nach der Auffassung der „Grundlegung" als vorläufige Annahme zum Zwecke weiterer Zergliederung) zugestanden ist, wird der Versuch gemacht, ob nicht vielleicht der blosse Begriff des sittlichen Imperativs, der als solcher notwendig ein kategorischer Imperativ sein musste, „auch die Formel desselben an die Hand gebe" (Grundl. p. 43).

Wollte man zu Schopenhauer's Rechtfertigung anführen, dass er nur gemeint hätte, der kategorische Imperativ, nicht etwa das Moralgesetz, werde von Kant nicht als Tatsache des Bewusstseins behauptet (doch spricht er selbst ausdrücklich auch vom moralischen Gesetze als keiner Tatsache des Bewusstseins, vgl. Mor. p. 130; 141); so wäre zu entgegnen, dass der kategorische Imperativ ja nur der genaue, durch die philosophische Untersuchung des moralischen Gesetzes und der es bildenden Momente aufgefundene Ausdruck desselben ist. Gilt also das moralische Gesetz als Factum, so geht der kategorische Imperativ, als blosse Formulirung dieses Factums, ebenfalls auf dasselbe zurück.

Schopenhauer scheint deshalb den Gedanken eines Factums des moralischen Gesetzes nicht als Kantisch angenommen zu haben, weil er vielleicht fürchtete, wenn man das Sittengesetz als Factum hinstelle, so sei dies eine petitio principii (vgl. Mor. p. 140 oben, 141 oben). — wie er denn in der imperativen Form der Kant'schen Ethik tatsächlich eine solche petitio principii sieht. Es werde, so könnte man meinen, durch die Annahme des moralischen Gesetzes (mitsammt des darin enthaltenen Sollens) als eines Factums, welches noch dazu keiner weiteren Rechtfertigung bedürfen solle, ja jede nähere Begründung dieses Factums und damit eigentlich die ganze ethische Untersuchung überflüssig gemacht: man nehme die ganze Ethik einfach als feststehendes Factum an und damit gut. Aber das soll die Facticität des Sittengesetzes nicht bedeuten, dass nun dieses Factum selbst nicht weiter erklärt zu werden brauche. Dasselbe bildet vielmehr gerade den Gegenstand der ethischen Erklärung. Nur als zu erklärendes Problem, als Thema, braucht es sich nicht weiter zu rechtfertigen: da ist es eben einfach durch die Tatsache des gewöhnlichen sittlichen Bewusstseins unbezweifelbar gegeben. Aber es bleibt doch noch einmal diese Tatsache selbst genauer zu analysiren und sodann die weitere Frage zu beantworten: Worin hat dieses Factum seinen Grund und Ursprung? Auf welches noch ursprünglichere oder Grundfactum geht es zurück? Kant selbst sagt, nachdem er, wie öfter, bemerkt hat, dass auch die gemeine, noch unbelehrte und gleichsam unschuldige Menschenvernunft eine richtige moralische Erkenntniss besitze: „Es ist eine herrliche Sache um die Unschuld, nur ist es wiederum sehr schlimm, dass sie sich nicht wol bewahren lässt und leicht verführt wird" (Grundl. p. 24)[1]) Darum bedürfe auch das gemeine moralische Vernunfturteil der Wissenschaft, welche eben jenes moralische Urfactum zu erklären und zu begründen und damit vor allem Zweifeln zu sichern hat. Diese Erklärung geschieht vermittelst des zur reinen Verstandeswelt gehörenden Begriffes der transscendentalen Freiheit; denn „aus allen Datis der Sinnenwelt und dem ganzen Umfange unseres theoretischen Vernunftgebrauches" bleibt jenes Factum „unerklärlich" (Kr. pr. V. p. 51)[2]).

---

[1]) Dieser Ausspruch ist zwar eigentlich von dem Standpunkte der „Grundlegung" aus gemeint, lässt sich jedoch mit vollem Rechte auch auf den Standpunkt der „Kritik der praktischen Vernunft" anwenden.

[2]) Cohen (Kant's Begründung der Ethik, p. 224) citirt die obige Stelle so, als hätte Kant das Sittengesetz einschränkungslos ein „unerklärliches" Factum genannt. Dies ist also nach der Darstellung des Textes zu berichtigen.

§ 3.

Mit gewohnter Inconsequenz hält Schopenhauer die Behauptung, dass Kant das Moralgesetz nicht als ein Factum betrachte, nicht durchweg fest, sondern ist daneben auch der entgegengesetzten — richtigen — Meinung, Kant habe „den Begriff des moralischen Gesetzes ohne weiteres als gegeben und unbezweifelt vorhanden genommen." (Mor. p. 122; vgl. ib. p. 120: Es werde „vor aller Untersuchung angenommen, dass es rein moralische Gesetze gebe".) Mor. p. 144 glaubt er einräumen zu müssen, dass in der „Kritik der praktischen Vernunft" das Fundament der Ethik ganz allmälig seine Natur verändere, beinah vergesse, dass es ein blosses Gewebe abstracter

Uebrigens ist auch mit der gedachten Einschränkung der Begriff eines unerklärlichen Factums ein an sich sehr anfechtbarer. Denn wenn man — wie wir meinen, das geschehen muss — jede Erklärung, die aus dem Gebiete des Intelligibeln oder Transscendenten hergeholt ist, als unmöglich und undenkbar zurückweist, so ist alsdann etwas, das „aus allen Datis der Sinnenwelt" keine Erklärung hoffen kann, schliesslich doch ganz gleich einem überhaupt oder an sich Unerklärlichen. Unerklärlichkeit, dieselbe streng genommen, ist aber ein ganz unzulässiger Begriff. Unerklärlich ist uns zwar zur Zeit noch Manches, aber das heisst nur, dass es mit den Mitteln unseres gegenwärtigen Erkenntnissbesitzes noch nicht erklärt werden kann. Dass die betreffenden Erscheinungen dennoch überhaupt erklärbar sein müssen, bleibt dabei stets unumstössliche Voraussetzung. Denn was etwa an sich, seinem Begriffe nach, unerklärbar, folglich ursachelos wäre, dass verstiesse gegen die Grundforderung bewussten Denkens, dass jedes Ding seine Ursache hat, höbe also das Denken selbst auf. — Keine Ausnahme hiervon ist es, dass doch die apriorischen Momente des Erkennens (wie Raum und Zeit, Identität, Causalität, das zu postulirende ursprüngliche Nebeneinander der einfachsten Bestandteile alles Wahrnehmbaren als Bewusstseinsinhaltes, also kurz alles, was zu der „ursprünglichen Notwendigkeit" gehört) an sich oder seinem Begriffe nach nicht weiter erklärt werden kann. Denn diese Momente bedingen ja das Bewusstsein selbst: sie werden also bei allem Erklären und Begreifen selbst schon vorausgesetzt. So wenig ohne vorherige Voraussetzung dieser Momente Erklären und Begreifen überhaupt verständlich ist, so wenig kann somit die Forderung des Erklärtwerdens an sie, auf welche diese Forderung erst ihr Recht und ihren Sinn gründet, gestellt werden. Sie sind nicht eigentlich unerklärlich, sondern der Begriff des Erklärens, auf sie angewandt, verlöre allen Sinn. (Sie sind nicht-erklärlich, diesen Begriff als contradictorischen, nicht als conträren Gegensatz zum Erklärlichen verstanden.)

Begriffscombinationen sei, und substanzieller werden zu wollen scheine, in der Weise, dass daselbst das moralische Gesetz „gleichsam ein Factum der reinen Vernunft" genannt werde. Hier scheint es fast, als hätte Schopenhauer den von uns hervorgehobenen Unterschied zwischen „Grundlegung" und „Kritik" (siehe oben Kap. III, § 5) herausgemerkt. Aber es scheint doch nur so. Denn was er hier unter dem „blossen Gewebe abstracter Begriffscombinationen" als Fundament der Ethik versteht, nämlich die Ableitung des kategorischen Imperativs, das ist durchaus in „Grundlegung" und in „Kritik" im wesentlichen übereinstimmend, wenn auch die Einzelheiten der Einkleidung etwas abweichen, das begründet also auch keinen Unterschied. Ein „Factum" wird zwar in der „Grundlegung" das Moralgesetz nicht genannt, und hierin spricht sich allerdings der bestehende, von Schopenhauer aber nicht erkannte Unterschied zwischen „Kritik" und „Grundlegung" aus. Dort ist es ein Factum, das Erklärung fordert, aber als Factum unangefochten feststeht; hier wird es bloss versuchsweise, bloss vorläufig angenommen und seine Feststellung anderswoher (von der Freiheit) erwartet. Schopenhauer aber hat den Kant'schen Ausdruck „gleichsam ein Factum der reinen Vernunft" gar nicht verstanden. Er fragt: „Was soll man bei diesem seltsamen Ausdruck sich denken?" Er scheint seinerseits dabei an eine „hyperphysische Tatsache", einen „delphischen Tempel im menschlichen Gemüt" gedacht zu haben (vgl. Mor p. 146 f.), woran Kant selbstverständlich gar nicht gedacht hat. Er fährt darnach fort: „Das Factische wird sonst überall dem aus reiner Vernunft Erkennbaren entgegengesetzt". Das geschieht aber in diesem Falle eben nicht: das Sittengesetz ist gerade aus reiner Vernunft a priori erkennbar, und eben darin besteht seine Facticität. Man muss zugeben, die Bezeichnung „gleichsam ein Factum" ist ein „seltsamer Ausdruck", ja sie ist, genau erwogen, eine contradictio in adiecto. Wenn etwas ein

Factum ist, dann ist es nicht bloss halb und halb oder „gleichsam", sondern dann ist es ganz und gar und ohne Einschränkung und Abmarktung ein Factum, oder es ist überhaupt keines. Das Factum Sein kann keine Grade haben, ebenso wenig wie das Existiren überhaupt. Es giebt zwar wol verschiedene Arten von Existenz (Existenz des erkenntnisstheoretischen Subjects und des Objects, des Individuums und des Gattungsmässigen u. s. w.); aber was unter irgend eine Existenzart fällt, das existirt damit schlechtweg und nicht bloss halb oder „gleichsam". Und wie etwas nicht „gleichsam existiren" kann, so kann auch nicht etwas „gleichsam ein Factum sein". Wir können zwar oft in Folge unzureichender Beobachtung in Zweifel sein, ob wir irgend etwas als Factum, dann aber immer als volles und ganzes Factum, gelten lassen dürfen oder nicht; aber um dies zu bezeichnen, dafür wäre doch „gleichsam ein Factum" mindestens ein sehr schiefer Ausdruck. Und überdem steht auch das Vorhandensein des Sittengesetzes bei Kant durchaus nicht in Zweifel. Der Ausdruck ist also nicht zu retten [1]): wol aber der Sinn desselben. Kant wollte durch den Zusatz „gleichsam" ein Factum (wie auch durch die Wendung, es sei „kein empirisches" Factum, Kr. pr. V. p. 36) nur den Gedanken abwehren, als sei das Sittengesetz erst aus Erfahrungsbeispielen entlehnt und darum nicht absolut notwendig und allgemeingültig [2]). Dasselbe dringt sich unserer Vernunft oder unserem Bewusstsein vielmehr auch ohne alle Bestätigung durch Beispiele von selbst und mit unabweisbarer Notwendigkeit auf als schlechthin und unnachlässlich gebietend. Es ist ein Factum nicht im Sinne einer besonderen Beobach-

---

[1]) Cohen (Kant's Begründung der Ethik, p. 224) nimmt auch an dem Ausdrucke keinen Anstoss.

[2]) „Nun lehrt mich Erfahrung zwar, was da sei, und wie es sei, niemals aber, dass es notwendigerweise so und nicht anders sein müsse". Kant, Prol. § 14, gegen Ende (p. 47).

tungstatsache, sondern im Sinne einer Tatsache, die von der Vernunft als solcher, von dem Begriffe vernünftigen Bewusstseins unabtrennbar ist. Nichts desto weniger bleibt es ein Factum, nicht mehr und nicht minder, wie man auch die apriorischen Erkenntnissmomente als factisch bezeichnen kann, und eine Limitation der Aussage der Facticität durch ein „gleichsam" ist durch nichts geboten, ja, wie wir sahen, dem Existenzbegriffe widersprechend. — Wir haben deshalb auch in unserer Uebersicht über die Kant'sche Ethik das Sittengesetz einfach als Factum, ohne einschränkendes „gleichsam", verzeichnet.

Kapitel VI.

Der Begriff des absoluten Sollens (oder der Pflicht) als in dem Factum des Sittengesetzes enthalten.

§ 1.

Das Sittengesetz, wie es im Bewusstsein als Tatsache vorliegt, enthält nach Kant — eben als Sittengesetz — unmittelbar in sich das gebietende oder verpflichtende Soll, und zwar das unbedingt verpflichtende Soll. Auch hier werden wir Kant nur Recht geben können. Ohne ein solches absolutes Soll giebt es keine Ethik. Mit der Tatsache des sittlichen Bewusstseins ist unmittelbar auch die Vorstellung von einem Sollen gegeben, welches Sollen näher als absolutes Sollen auftritt; oder der Ethik ist wesentlich die „imperative Form". Das erscheint durchaus als selbstverständlich. Nur über den Sinn des Sollens kann Streit sein; dass aber, wenn anders überhaupt so etwas wie Sittlichkeit existirt, es auch irgend so etwas wie ein Sollen und ein absolutes Sollen geben müsse, das, sollte man meinen, dürfte schwerlich jemand bezweifeln wollen.

§ 2.

Schopenhauer aber ist dieser Jemand, der es doch ganz entschieden bestreitet. Das Sollen gehört nach ihm gar nicht, oder höchstens sehr eingeschränkt und indirect, in die Ethik, und das absolute Sollen ist ihm sogar eine contradictio in adiecto. Die Fassung der Ethik in einer imperativen Form oder „das Denken des moralischen Wertes oder Unwertes menschlicher Handlungen als Erfüllung oder Verletzung von

Pflichten" (Mor. p. 125), also die Begriffe des Sollens, der Pflicht, des Gebietens, des Gesetzes, seien in der Ethik gar nicht berechtigt und seien nur aus der theologischen Moral und dem Mosaischen Dekalog in sie fälschlich hineingelangt. So unleugbar und von Allen anerkannt die „ethische Bedeutsamkeit des menschlichen Handelns" sei, „so wenig ist es dieser wesentlich, in der Form des Gebietens und Gehorchens, des Gesetzes und der Pflicht aufgefasst zu werden" (Mor. p. 122). „Wer sagt euch, dass es Gesetze giebt, denen das menschliche Handeln sich unterwerfen soll?" (Mor. p. 120). Wie käme der Mensch ganz von selbst auf den Einfall, „sich nach einem Gesetze für seinen Willen, dem dieser sich zu unterwerfen und zu fügen hätte, umzuschen und zu erkundigen? (Mor. p. 142.) Von einem Sollen rede man nur zu Kindern und zu Völkern in ihrer Kindheit, nicht aber „zu denen, welche die ganze Bildung einer mündig gewordenen Zeit sich angeeignet haben" (Welt I, p. 320).

Das sind recht kühne und starke Behauptungen: um so schwächer sind Schopenhauer's Gründe für dieselben. (Siehe zu dem Folgenden Mor. § 4: Von der imperativen Form der Kant'schen Ethik.) Zwar nimmt er, um hier eine Entscheidung zu gewinnen, den ganz richtigen Ausgang (Mor. p. 120, unten), den Begriff des Sollens oder des Gesetzes oder der Vorschrift zu untersuchen, lässt aber diese Untersuchung, kaum begonnen und ganz unvollendet, wieder fallen. Er unterscheidet das bürgerliche Gesetz, welches auf menschlicher Willkür beruhe (besser wäre zu sagen: auf menschlicher Satzung, welche durchaus nicht rein willkürlich verfährt, sondern trotz mancher scheinbaren Willkürlichkeit im einzelnen doch im ganzen eben von den ethischen Normen sich bestimmen lässt und in ihnen ihre innerste Rechtfertigung findet) und das Natur- oder Causalitätsgesetz. Zu dem letzteren gehöre als eine besondere Form desselben auch das für den menschlichen Willen geltende ausnahmslose und unverbrüchliche Gesetz der Motivation, welches besagt, dass jede Handlung nur in Folge eines zureichenden Motivs eintreten kann. Dies aber sei das einzige Gesetz für den menschlichen Willen, und ein anderes, wie etwa ein moralisches Gesetz, dürfe ohne Beweis nicht als vorhanden angenommen werden. -- Damit wird die Untersuchung über den Begriff des Sollens abgebrochen. Es bleibt also im Grunde bei der blossen Behauptung: Es giebt für den Willen nur das Gesetz der Motivation, und ein anderes darf ohne Beweis nicht angenommen werden. Ein solcher Beweis wird aber tatsächlich geliefert durch die Berufung auf das moralische Bewusstsein und dessen Werturteil, in welchem letzteren unmittelbar der Begriff der Verpflichtung oder des Sollens — wie wir weiter unten (§ 4) genauer sehen werden — enthalten liegt.

Schopenhauer scheint zu meinen: Wenn das Gesetz der Motivation das einzige für den Willen geltende Gesetz sei, so sei damit eo ipso das moralische Gesetz des Sollens ausgeschlossen, weil dasselbe dem Willen eine andere Gesetzmässigkeit, als das Gesetz der Motivation, auferlegen und also mit diesem in Conflict geraten würde. Diese Befürchtung ist aber ganz irrig. Das moralische Gesetz mit seinem Sollen hebt ja keineswegs das Naturgesetz der Motivation wie durch eine Ausnahmebestimmung auf, sondern soll ja gerade innerhalb und unter vollster Anerkennung desselben gelten. Niemand ausser dem erklärtesten Indeterministen, und am allerwenigsten Kant, bezweifelt, dass auch die sittlichen Handlungen durchaus nach der Notwendigkeit des Gesetzes der Motivation oder allgemeiner nach dem Causalgesetze geschehen. Das Causalgesetz ist das allgemeinste Gesetz für alles Geschehen überhaupt; alle besonderen Gesetze, welcherlei Art sie sein und für welcherlei Wirkungskreis sie gelten mögen, sind nur ebenso viele besondere Arten oder Anwendungen des allgemeinen

Causalgesetzes. So wenig wie etwa die logischen oder ästhetischen Gesetze als . solche dem allgemeinen Causalgesetze widerstreiten, so wenig widersprechen demselben auch die moralischen Gesetze. Dieselben sind ja nicht a n d e r e Gesetze als die Causalgesetze der Motivation, sondern sie sind gerade diese selbst, wie sie nach der in ihnen selbst liegenden Tendenz consequent durchgeführt und dadurch in sich zusammenstimmend gemacht sind. Als solche folgen sie mit Notwendigkeit aus der Natur des Bewusstseins als solchen; sie sind unvermeidliche Gesetze des Bewusstseins, specieller des bewussten und vernünftigen Willens, und lassen sich von Seiten ihrer Notwendigkeit geradezu als N a t u r gesetze bezeichnen: als die N a t u r g e s e t z e d e s v e r n ü n f t i g e n W i l l e n s.

Ist man geneigt, dieses im allgemeinen zuzugestehen, so wird man dafür nur mit um so grösserem Nachdruck auf die Schwierigkeit hinweisen, die darin zu liegen scheint, dass das Moralgesetz (wie auch die logischen und ästhetischen Gesetze) trotz seiner Form eines n o t w e n d i g e n Gesetzes dennoch nicht notwendig überall Befolgung findet, — eine Schwierigkeit, die auch Schopenhauer hervorhebt und zu einem specielleren Einwande gegen den Begriff des Sollens und insbesondere den des absoluten Sollens gestaltet. Wie könne, so fragt Schopenhauer, von absoluter Notwendigkeit die Rede sein bei diesen angeblichen moralischen Gesetzen, da doch Kant selbst eingestehen müsse, dass dieselben meistens, ja in der Regel, erfolglos bleiben? Was notwendig ist, das müsse doch unausbleiblich geschehen (Mor. p. 121; ibid. p. 135). — Hier ist zunächst speciell gegen Schopenhauer zu bemerken, dass er den Begriff der moralischen Notwendigkeit in unstatthafter Weise umdeutet. Die Notwendigkeit des moralischen Gesetzes besagt ja gar nicht dieses, dass ein moralisches Handeln wirklich überall mit Notwendigkeit geschehen m ü s s e und ein unmoralisches Handeln demgemäss gar nicht geschehen k ö n n e, sondern sie besagt nur, dass strenge Moralität in jedem Falle unbedingt gefordert, verlangt werde. Das Gebot ist notwendig und heischt unbedingte Befolgung; damit ist doch nicht in Widerspruch, dass die Erfüllung des Gebotes auch ausbleibt. Freilich entsteht nun sogleich die Frage, wie denn dieses selbst möglich sei, dass das Sittengesetz unbedingt etwas fordere und dass doch diese Forderung nicht unbedingt geleistet werde, und ob hierin am Ende nicht doch ein Widerspruch liege, der den Begriff unbedingter moralischer Notwendigkeit unmöglich zu machen drohe. Wenn wir, in principieller Uebereinstimmung mit Kant, uns für die Ansicht erklärt haben, dass das unbedingte moralische Sollen seinen Grund hat in einer in dem Begriffe des Bewusstseins selbst enthaltenen unvermeidlichen Wertschätzung, so muss zugestanden werden, dass allerdings eine Schwierigkeit darin gefunden werden kann, dass jene unvermeidliche Wertschätzung und das daraus sich ergebende unvermeidliche Sollen nicht notwendig ein entsprechendes Handeln herbeiführe, also in facto doch nicht so ganz unvermeidlich zu sein scheine. Hier liegt in der Tat eine Schwierigkeit, die aufgelöst werden muss; und auf sie weist im Grunde der Schopenhauer'sche Einwand hin, der so, wie er vorgebracht ist, freilich nur auf ein Missverstehen des Begriffes der moralischen Notwendigkeit hinausläuft.

Die erwähnte Schwierigkeit wird sich in ganz analoger Weise lösen, wie diejenige, welche man darin sehen kann, dass auch die logischen (und, wie wir meinen, auch die ästhetischen) Gesetze, trotzdem sie sich in ihrer Notwendigkeit ebenfalls aus dem Begriffe des Bewusstseins ableiten, dennoch vielfältig verletzt werden, also auch ihrerseits nicht ganz mit Notwendigkeit zu herrschen scheinen. Wenn die logischen Normen als die notwendigen Denkgesetze im Grunde doch das Denken selbst sind, wie kann dann — im Irrtum — auch ihnen zuwider gedacht werden? Die Antwort hierauf ist diese, dass

im Irrtum, soweit in demselben das eigentliche Moment des
Irrens geht, tatsächlich gar nicht gedacht ist und diese Lücke
im Denken durch irgend welche, jedesmal psychologisch nachweisbare Störungen, die von etwas Anderem als dem Denken
herrührten, verursacht worden ist. Die logischen Gesetze sind
notwendig für das Denken, d. h.: wenn und soweit überhaupt
gedacht wird, kann das Denken nur nach ihnen von statten
gehen; aber sie haben keine Macht über die Sphäre des Denkens
hinaus, sodass sie verhindern könnten, dass nicht auch zuweilen da, wo gedacht werden sollte, gar nicht gedacht wird,
sondern ein Urteil sich bildet statt auf Grund der durch das
Denken als zusammengehörig erkannten Vorstellungen, vielmehr auf Grund von bloss zusammengeratenen Vorstellungen,
mag nun an solchem Halbdenken oder Nichtdenken, das an
Stelle des Denkens sich einschmuggelt, eine Voreiligkeit und
Flüchtigkeit des Gedankenablaufs oder eine Voreingenommenheit des Urteils oder eine schon falsche Ueberlieferung fertiger
Denkresultate oder eine Fälschung durch die reproducirende
und producirende Phantasie oder auch eine Beeinflussung seitens
des Gefühles oder des Willens (der „Absicht", die der „Einsicht"
entgegenwirkt) oder sonst dgl. die Schuld tragen.[1]). Aehnliches
gilt auch von den ästhetischen Gesetzen und deren Notwendigkeit. Und in analoger Weise verhält es sich mit der moralischen Notwendigkeit. Die moralische, in dem Bewusstsein
als solchen begründete Wertschätzung im ganzen wie in ihrer
besonderen Ausgestaltung ist unvermeidlich, wenn überhaupt
sie angestellt wird, wenn wirklich alle sonstigen Wertschätzungen bis zu dieser letzten, ursprünglichen Wertschätzung hin zurückverfolgt und nach ihr bemessen werden. Aber das schliesst
nicht aus, dass auch sie Störungen und Hemmungen erfahren

---

[1]) Vgl. hierzu Wilhelm Schuppe, Erkenntnisstheoretische Logik,
Bonn 1878, § 32. p. 111—117, und zu dem Folgenden ebenda die Schlusssätze von § 67, p. 254.

kann, die natürlich auch wieder psychologisch erklärbar und also auch ihrerseits notwendig sind. Der Einzelne bleibt leicht bei der sich ihm gerade bietenden Wertschätzung stehen, ohne sie wirklich consequent zu Ende zu führen und so vielleicht zu finden, dass sie mit andern, wichtigeren Wertschätzungen nicht zusammenbestehen kann. Frühe Gewöhnung des Denkens und Wollens in einer bestimmten, einseitigen Richtung, Macht der Beispiele, mangelnde Beweglichkeit der Vorstellungen, Gefühle und Wollungen, eine in dem Mechanismus der Seele begründete Unfähigkeit, selbst bei richtig gefühlter Wertschätzung dieselbe durch die Handlung gleich zu realisiren, — sind die Ursachen hiervon. Die menschliche Seele ist ja nicht etwas in jedem Punkte Fertiges und harmonisch Zusammenstimmendes. In ihr bestehen viele Regungen des Denkens, des Fühlens und des Wollens ganz friedlich neben einander, die, wenn sie nur völlig zu Ende gedacht, gefühlt und gewollt werden möchten, sich arg befehden und eine die andere vertreiben würden. Aufgabe der Erziehung und der Bildung des Einzelnen wie der Völker ist es erst, den Seeleninhalt durch Schlingung der verschiedenartigsten Beziehungen innerhalb desselben zu innerer Einheitlichkeit und Consequenz durchzubilden. So lange aber diese innere Zusammenstimmung noch unerreicht bleibt, ist es durchaus erklärlich, dass in Folge davon auch die sittliche Wertschätzung, obwol sie ihrer Natur nach unvermeidlich ist und obwol sich auch genug Hinweise auf sie bemerklich machen, dennoch im einzelnen Falle oft nicht vollzogen und gefühlt wird, oder auch, selbst wenn sie gefühlt wird, doch für das Handeln machtlos bleibt.

§ 3.

Schopenhauer sieht nicht nur — wie wir gezeigt zu haben glauben, mit Unrecht — in der geschehenden Uebertretung des moralischen Gesetzes einen Widerspruch gegen dessen unbedingte Notwendigkeit oder das absolute Sollen.

sondern er findet auch in diesem Begriffe selbst eine contradictio in adiecto. Ein jedes Sollen hat nach ihm Sinn und Bedeutung nur in Beziehung auf angedrohte Strafe oder versprochene Belohnung, durch welche es somit notwendig bedingt sei: daher ein absolutes oder unbedingtes Sollen einen Widerspruch in sich einschliesse (Mor. p. 123; vgl. Welt I, p. 320 und 620). — Das ist aber nichts als eine leere Behauptung. Es ist hier das moralische Sollen einfach ignorirt: dann bleibt freilich nur ein Sollen übrig, welches durch Strafe oder Belohnung bedingt ist, und welches dann natürlich · auch moralisch wertlos ist. Was Schopenhauer's Behauptung als richtiger Kern zu Grunde liegt, ist nur dies, dass ein jedes Sollen, und also auch das moralische, eine Wertschätzung voraussetzt. Diese Wertschätzung aber braucht durchaus nicht nur auf Furcht vor Strafe oder Hoffnung auf Belohnung hinauszulaufen [1]).

Nur ein bedingtes Sollen kennt Schopenhauer; darum weiss er auch nur von einer bedingten Pflicht. Das gegenseitige Verhältniss dieser beiden Begriffe bestimmt er so, „dass Sollen überhaupt auch auf blossem Zwange beruhen kann, Pflicht hingegen Verpflichtung, d. h. Uebernahme von Pflicht voraussetzt" (Mor. p. 124). Genauer sei Pflicht „eine Handlung, durch deren blosse Unterlassung man einen Andern verletzt, d. h. Unrecht begeht" (Mor. p. 220). Dies könne nur dadurch der Fall sein, dass der Unterlasser sich zu einer

---

[1]) Darnach ist auch die Stelle aus Locke *(An essay conc. hum. underst., bk. II, chap.* 28, *§* 6; Schopenhauer selbst citirt irrtümlich zweimal *chap.* 33.) zu beurteilen, welche Schopenhauer (Mor. p. 33) zur Bekräftigung seiner Behauptung anführt. — Uebrigens ist die Voraussetzung bei Locke nach dem Zusammenhange der Stelle die, dass auch die moralischen Gesetze von einem *law-giver* herrühren, der nun, um diesen von aussen her vorgeschriebenen Gesetzen Gehorsam zu verschaffen, ihnen freilich ein *enforcement of good or evil, pleasure or pain, reward or punishment* anhängen musste, — eine Voraussetzung, welche nach unserer Meinung nie eine wirkliche Moral zu begründen im Stande ist.

solchen Handlung anheischig gemacht, d. h. eben verpflichtet habe. „Demnach beruhen alle Pflichten auf eingegangener Verpflichtung" oder Uebereinkunft (Mor. p. 221). — Wenn aber Pflicht auf Verpflichtung und Uebereinkunft, also auf einem Vertrage beruhen soll, so ist zu bedenken, dass, damit der Vertrag überhaupt als verpflichtend und bindend anerkannt werde, schon der Begriff der Verpflichtung und Verbindlichkeit, also auch der des moralischen Sollens — (der Vertrag soll gehalten werden) — vorher vorausgesetzt werden muss: sonst hat Verpflichtung und Vertrag überhaupt keinen Sinn. So liegt also in der Ableitung der Pflicht aus eingegangener Uebereinkunft gerade die Anerkennung des moralischen Gesetzes in imperativer Form, während Schopenhauer die letztere doch gerade bestreiten will.

Ueberdies hat Schopenhauer, um sich jene Ableitung zu ermöglichen, den Begriff der Pflicht selbst zu eng gefasst. Pflicht findet gar nicht nur da statt, wo eine Verpflichtung eingegangen worden ist. Dies ist nur ein engerer Sinn des Wortes, in welchem dasselbe allerdings gebraucht werden kann. So sprechen wir von Berufspflicht, Vertragspflicht, von pflichtmässig und pflichttreu im engeren Sinne. Aber die weitere Bedeutung, nach welcher jede moralisch lobenswerte Handlungsweise als Pflicht bezeichnet wird, ist ebenfalls durchaus dem üblichen Sprachgebrauche angemessen; man denke an Ausdrücke, wie: Pflicht der Nächstenliebe, Pflicht der Selbsterhaltung, Pflicht der Wahrhaftigkeit, Gewissenspflicht und viele andere. Und in diesem weiteren Sinne verwendet gerade Kant das Wort durchgehends. Die Abgrenzung der Begriffe „Pflicht" und „Sollen" aber wird gegen Schopenhauer, in Uebereinstimmung mit dem Sprachgebrauche, sich dahin bestimmen lassen, dass Sollen der allgemeinere Begriff ist, der noch gar kein specifisch moralischer Begriff zu sein braucht, wogegen Pflicht das moralische Sollen bezeichnet. Wird unter

Sollen speciell das moralische Sollen verstanden, so sind Sollen in diesem engeren Sinne und Pflicht durchaus Wechselbegriffe.

§ 4.

Die Gründe, welche Schopenhauer gegen die Berechtigung des Begriffes des Sollens und speciell des absoluten Sollens in der Ethik vorbringt, haben sich also als nichtig und untriftig gezeigt. Es ist auch tatsächlich unmöglich, wenn anders die Ethik überhaupt noch Ethik bleiben und nicht etwa Psychologie oder Statistik werden soll. aus ihr den Begriff des Sollens, wie Schopenhauer es verlangt, rundweg hinauszuwerfen. Man versuche es nur einmal ernstlich und consequent, den Begriff des Sollens mit seinen Verwandten aus der Ethik wegzudenken: schwindet dann nicht auch jede „ethische Bedeutsamkeit" der menschlichen Handlungen? Kann dann überhaupt noch von moralisch Gut und Böse, von Recht und Unrecht gesprochen und ein Sinn mit diesen Worten verbunden werden? Was heisst gut, wenn wir nicht dazu denken, dass das Gute geschehen soll? Ist mit Beseitigung des Sollens nicht jeder moralische Wert der Handlungen, in welchem gerade das Wesen der ethischen Bedeutsamkeit besteht. völlig ausgetilgt? Denn Wertschätzung und Sollen sind Begriffe, die sich gegenseitig fordern und nicht von einander abgetrennt werden können.

Darum ist es auch nicht zu verwundern, sondern liess sich zum voraus erwarten, dass auch Schopenhauer, so sehr er den Begriff des Sollens in der Ethik mit Worten perhorrescirt, denselben doch insgeheim wieder sich einschleichen lässt, eben dadurch, dass er den Begriff des moralischen Wertes nicht entbehren kann. Zwar wird zuversichtlich behauptet, die Ethik habe, unbekümmert um alles Sollen, nur die Aufgabe, die Handlungen und Maximen der Menschen zu deuten und zu erklären und auf ihre letzten Gründe und Triebfedern zurückzuführen (Mor. p. 120; 195; Welt I, p. 321). Zu diesem Zwecke wird untersucht, „ob es überhaupt Handlungen giebt, denen wir echten moralischen Wert zuerkennen müssen" (Mor. p. 195), und als solche werden alle nicht egoistisch motivirten Handlungen befunden. (Vgl. auch Mor. p. 125: „Das Denken des moralischen Wertes oder Unwertes menschlicher Handlungen", u. ö.) Mit Anerkennung eines moralischen Wertes ist aber implicite auch der Begriff des moralischen Sollens zugestanden. Denn in dem Begriffe der Wertschätzung liegt unmittelbar enthalten ein Streben nach Erreichung des Wertvollen, also ein Wollen, und damit weiterhin ein Sollen, sofern in diesem der Wille in der Consequenz seines Wollens sich selbst ein bestimmtes Verhalten vorschreibt. Jede Wertschätzung hat so unvermeidlich ein Sollen zur Folge, wie umgekehrt jedes Sollen eine Wertschätzung voraussetzt. Das Letztere zu verkennen und ein Sollen zu statuiren unter Abstraction von aller Wertschätzung, war der Fehler Kant's (vgl. oben Kap. IV, § 7, p. 63—65). Schopenhauer aber ist in dem entgegengesetzten Irrtum befangen, dass es eine Wertschätzung geben könne, ohne dass dabei von einem Sollen die Rede sei. In Wahrheit ist Eines begrifflich so unmöglich wie das Andere.

Man könnte meinen, es gäbe doch auch eine Wertschätzung ohne ein Sollen. Das ästhetisch Schöne z. B. gefalle und sei somit wertvoll, ohne dass daraus ein Sollen sich ergebe. Tatsächlich aber folgt daraus nur nicht ein unbedingtes Sollen, wol aber das bedingte Sollen: wenn überhaupt unser ästhetisches Urteil befriedigt werden soll, so sollen die und die bestimmten Regeln und Gesetze innegehalten, die und die bestimmte Form des Ideals verwirklicht werden. Also nur so viel beweist dieses Beispiel, dass die Art des Sollens sich stets nach der Art der Wertschätzung richtet, auf die er sich gründet. Die Bedingung, die dieser etwa anhaftet (und die in der besonderen Beschaffenheit unseres Gefühles oder Beliebens besteht), überträgt sich auch auf das aus ihr resultirende

Sollen; andrerseits, ist die Wertschätzung unbedingt oder absolut, so ist es auch das Sollen. Giebt es demnach eine Wertschätzung, die wir die ethische nennen, selbst wenn sie zunächst noch nicht absolut sein sollte, so giebt es auch ein, dann ebenfalls noch nicht absolutes, moralisches Sollen, nämlich dieses: wenn wir von unseren ethischen Wertbegriffen uns leiten lassen wollen, so soll so und so gehandelt werden; oder: in dem Masse wie unsere ethischen Wertbegriffe für uns gültig und bestimmend sind, in eben dem Masse sollen die und die Regeln des Handelns gelten. Auf der andern Seite, ist die ethische Wertschätzung eine absolute — wofür wir zunächst uns nur auf die Aussage des allgemeinen sittlichen Bewustseins berufen, die jedoch durch die philosophische Untersuchung ihre Bestätigung finden kann, — so hat es die Ethik auch mit einem absoluten Sollen zu tun, nämlich diesem: die unbedingt geltenden, d. h an kein subjectives Belieben oder Gefühl, sondern an das Bewusstsein als solches gebundenen ethischen Wertbegriffe sollen auch unbedingt realisirt werden.

Giebt es ethische Werte, so giebt es also auch ein Sollen, das auf Realisirung dieser Werte geht. Da Schopenhauer die ersteren zugesteht, so hat er damit gegen seinen Willen auch ein Sollen anerkannt. Und zwar hat er sogar ein absolutes Sollen damit eingeräumt. Denn „echter moralischer Wert" der Handlungen besagt doch wol, dass solche Handlungen unbedingt wertvoll sind [1]); eine unbedingte Wertschätzung aber involvirt auch ein unbedingtes Sollen.

---

[1] Was Schopenhauer Mor. p. 161 und p. 166 gegen den Begriff eines unbedingten oder absoluten Wertes vorbringt, läuft gänzlich auf eine Heterozetese hinaus. Freilich enthält, was Schopenhauer geltend macht, jeder Wert die Relation einmal auf ein wertschätzendes Subject, welches ihn fühlt, und zweitens die Relation zu andern Werten, mit welchen er verglichen werden kann. Von diesen beiden Relationen wird aber — selbstverständlich — auch beim absoluten oder unbedingten Werte nicht abgesehen. Eine unbedingte Wertschätzung soll ja doch nicht frei in der Luft schweben, sondern sie ist die Wertschätzung

Die Handlungen von echtem moralischen Werte charakterisiren sich für Schopenhauer schliesslich als diejenigen, welche das Mitleid zur Triebfeder haben. Liegt darin nicht enthalten die **Forderung**, dass mitleidige Handlungen geschehen **sollen**? Oder soll wirklich absolut gar nichts daran liegen, ob sie stattfinden oder unterbleiben? Was hat es aber dann für einen Sinn, sie als die moralisch wertvollen hinzustellen? Doch damit gar kein Zweifel sei, so ist auch Schopenhauer selbst nicht im Stande, den Inhalt oder obersten Grundsatz der Ethik anders anzugeben als in der an Kant arg getadelten „imperativen Form": „Neminem laede; imo omnes, quantum potes, iuva". Und das liegt nicht etwa bloss an einer Ungeschicklichkeit Schopenhauer's, sondern es ist an sich unmöglich, die ethischen Normen anders als in der Form von Geboten, Vorschriften, in der Form des „Du sollst" auszudrücken. In den blossen Worten könnte man das Gebot und das Sollen allenfalls umgehen, aber die Begriffe selbst lassen sich aus einer **Ethik** nicht hinauswerfen.

§ 5.

In den Einwürfen Schopenhauer's gegen den Begriff des Sollens liegt als der allein brauchbare Kern der Hinweis auf die Aufgabe, den Begriff des Sollens und der Pflicht einer genaueren Untersuchung zu unterziehen. Schopenhauer selbst

---

seitens eines Bewusstseins, welches dieselbe als zu seinem eigenen Begriffe gehörig erkennt, dergestalt, dass diese Wertschätzung allen andern Wertschätzungen (und nicht etwa bloss dieser oder jener, mit welcher sie zufällig einmal wirklich verglichen wird) ihrem Begriffe nach voransteht und also in diesem Sinne die höchste unter allen ist. — Gleichwol darf sie doch als „absolute" Wertschätzung bezeichnet werden; denn keinen andern Sinn hat der Begriff des Absoluten, als dass dasjenige, was so benannt wird, seine Geltung unmittelbar und einzig an den Begriff des Bewusstseins anknüpft (vgl. oben p. 24).

Aehnliches gilt auch für die Begriffe „Zweck an sich" und (unbedingte) „Würde des Menschen", gegen welche Begriffe Schopenhauer an den citirten Stellen aus demselben Gedanken, wie gegen den Begriff des absoluten Wertes, sich ereifert.

nahm, wie wir sahen (p. 921.), einen Anlauf zur Lösung dieser Aufgabe, aber auch nur einen Anlauf. Kant aber ist über diesen wichtigsten und schwierigsten Begriff der Ethik, den Begriff des Sollens oder der Pflicht, ganz ohne Prüfung hinweggegangen. An den verschiedenen Stellen, wo bei Kant von der Pflicht und dem Sollen und dem damit zusammenhängenden Begriffe der Achtung gehandelt wird, vermissen wir doch eine eingehende Analyse dieser Begriffe. Von der Pflicht wird zwar eine Definition gegeben: „Pflicht ist Notwendigkeit einer Handlung aus Achtung für's Gesetz" (Grundl. p. 18): aber diese Definition setzt im Grunde doch das Definiendum wieder voraus. Denn „Notwendigkeit einer Handlung" besagt hier doch nicht die Notwendigkeit des Geschehens, sondern die moralische Notwendigkeit, die Notwendigkeit des Sollens. Wir sind also von der Pflicht nur wieder auf das Sollen verwiesen; und um dieses ist es uns doch gerade zu tun. Schopenhauer hat Recht, wenn er (Mor. p. 136) in jener Kant'schen Definition nur eine Umschreibung des Gedankens sieht: „Pflicht bedeutet eine Handlung, die aus Gehorsam gegen ein Gesetz geschehen soll". — Was das Sollen eigentlich bedeute und — was hiermit zusammenhängen wird — warum wir denn eigentlich sollen, auf diese Fragen erhalten wir bei Kant keine Antwort. Wir erfahren, was das moralische Gesetz sei (nämlich die Form der allgemeinen Gesetzmässigkeit überhaupt, die in dem kategorischen Imperativ ihren Ausdruck findet), und dass dasselbe seinen Grund habe in der praktischen Vernunft, die es aus sich selbst hervorbringe. Damit ist aber noch gar nicht erwiesen, dass und weshalb wir denn nun den Geboten der reinen praktischen Vernunft uns fügen sollen.

Dieser Mangel in Kant's Ethik scheint darin seinen Grund zu haben, dass Kant das Sittengesetz nicht, wie es der Grundgedanke seiner Ethik eigentlich erforderte, unmittelbar an den Begriff der reinen Vernunft oder des Bewusstseins knüpfte, sondern sich erst der Vermittlung des Begriffes der transscendentalen Freiheit bediente. Die transscendentale Freiheit ist der eigentliche Realgrund des Sittlichen, bis auf welchen wir dasselbe zurückverfolgen können; darüber hinaus aber reicht keine Speculation mehr. Sie also muss auch irgendwie für das Sollen und dessen innersten Grund verantwortlich sein. Wenn wir das innerste Wesen und den Grund der Freiheit einsehen könnten, so würden wir darin wol auch den Grund des Sollens finden und überhaupt unser Interesse an der Moralität begreifen [1]). Aber hier ist eben unsere Erkenntniss zu Ende. Die Freiheit gehört in die intelligible Welt, in welche unser positives Wissen nicht mehr hinaufreicht. Die Denkmöglichkeit der Freiheit können wir zwar noch einsehen, aber wie Freiheit möglich sei, in dem Sinne, dass der Realgrund der Freiheit angegeben werden soll, das bleibt durchaus unerklärbar. Und damit ist denn auch die Einsicht in den Grund des Sollens abgeschnitten. Zudem steht die Freiheit für unsere Erkenntniss nicht unmittelbar und für sich selbst fest, sondern verdankt alle Gültigkeit und Realität, die wir ihr zuerkennen müssen, allein erst dem Sittengesetze. Daher kann man die Freiheit, obwol sie den Realgrund des Sittengesetzes und damit auch den letzten Grund des Sollens in sich enthält, doch nicht dazu verwenden, aus ihr die Facticität des Sittengesetzes und den Grund des Sollens erst abzuleiten und für unsere Einsicht begreiflich zu machen. Es blieb vielmehr nach allem nur übrig, für das Sittengesetz und damit auch für das diesem anhaftende unbedingte Sollen eine unantastbare, in sich selbst begründete und nicht weiter zu rechtfertigende und ableitbare Facticität in Anspruch zu nehmen, für welche nur die Berufung auf das

---

[1]) „Die subjective Unmöglichkeit, die Freiheit des Willens zu erklären, ist mit der Unmöglichkeit, ein Interesse ausfindig und begreiflich zu machen, welches der Mensch an moralischen Gesetzen nehmen kann, einerlei." (Kr. pr. V. p. 90 f.)

allgemeine sittliche Bewusstsein frei stand. (Von der abweichenden Ansicht in der „Grundlegung zur Metaphysik der Sitten" — vgl. oben Kap. III, § 5 — sehen wir hierbei ab.) — Indessen hätte wenigstens die begriffliche Bedeutung des Sollens von Kant näher erläutert werden sollen.

Lassen wir nun aber von unserm eigenen Standpunkte aus die Vermittlung durch die transscendentale Freiheit fallen: dann ist in dem Begriffe des Bewusstseins als solchen unmittelbar eine unvermeidliche und darum allgemeingültige Wertschätzung als Grund des Sittengesetzes und ein ihr entsprechendes gleich unvermeidliches und unbedingtes Sollen nachweisbar, und dann ist weiter, weil der Begriff des Bewusstseins für sich ganz unbezweifelbar und feststehend, ja, das Allergewisseste von der Welt ist (und nicht, wie die transscendentale Freiheit, erst vom Sittengesetz her seine Legitimation sich zu holen braucht), auch die Facticität jener unvermeidlichen Wertschätzung (oder des Sittengesetzes) sowie des aus ihr folgenden absoluten Sollens wirklich bewiesen und abgeleitet, dann ist tatsächlich der letzte und tiefste Grund dafür aufgezeigt, dass und warum wir eigentlich sollen, und das Sollen braucht nicht, wie bei Kant, bloss auf das Zeugniss des sittlichen Bewusstseins hin angenommen zu werden.

So erscheint es denn allerdings möglich, hier noch einen Schritt über Kant hinauszugehen, einen Schritt aber, der ganz durch die innere Consequenz seines ethischen Grundgedankens vorgezeichnet ist. Es ist zwar richtig, — dies gilt gegen Schopenhauer — das Sittengesetz als Tatbestand zu nehmen und den Begriff des Sollens und genauer den des unbedingten Sollens als in dieser Tatsache unmittelbar mitgegeben zu betrachten; aber diese Tatsache kann auch stricte bewiesen werden. Ihre Anerkennung braucht nicht bittweise eingeholt zu werden, sondern sie lässt sich auch von Einem, der sie sonst versagen möchte, durch den Rückgang auf den Begriff des Bewusstseins geradezu erzwingen. — Eine weitere Ausführung des zuletzt angedeuteten Gedankens, die nur im Zusammenhange einer selbständigen Entwicklung der Principien der Ethik erfolgreich geschehen könnte, liegt gänzlich ausserhalb der Aufgaben und Grenzen der vorliegenden Abhandlung. Vielleicht finden wir künftig die Gelegenheit, einen Versuch nach dieser Richtung hin zu wagen.

Vita.

Ego Augustus Otto Lehmann natus sum Idibus Novembribus anni MDCCCLV Wittstock oppidulo in Brandenburgensi provincia sito patre Eduardo pauperum scholae rectore, matre Augusta e gente Peters, quos adhuc viventes valde gaudeo. Fidem profiteor evangelicam. Primis literarum elementis imbutus octavum aetatis annum agens patriae gymnasium frequentari coepi ibique undecim per annos bonarum artium studiis me dedi. Tempore paschali anni MDCCCLXXIIII maturitatis testimonium adeptus Gryphiswaldiam me contuli, ubi in civitatem academicam adscriptus antiquitatis et linguae Germanicae studiis incubui. Proseminari philologici per duo semestria sodalis fui. Post tria semestria universitatem Berolinensem petivi ibique per tria semestria praeter ea studia, in quibus iam antea versatus eram, Lazari et Steinthali professorum humanissimorum scholis et disputatoriis potissimum incitatus inprimis philosophiae operam navare coepi. Tum per unum semestre valetudinis causa in patria commoratus iterum academiae Gryphiswaldensis civis fui ab auctumno anni MDCCCLXXVII usque ad auctumnum anni MDCCCLXXVIIII atque cum philologiae tum praecipue philosophiae studiis me dedi. Deinde huic dissertationi inaugurali ex philosophia sumptae conscribendae tempus atque operam impendi.

Scholis et exercitationibus interfui Berolini virorum celeberrimorum
    Curtius, Droysen, Harms, Helmholtz, Hübner, Kirchhoff, Lazarus, Michaelis, Mullach, Müllenhoff, Steinthal, Vahlen, Weber, v. Wilamowitz-Moellendorff, Zeller,
Gryphiswaldiae virorum celeberrimorum
    Baier, Hiller, Hirsch, Hoefer, Kiessling, Preuner, Reifferscheid, Schmitz, Schuppe, Susemihl, Vogt, v. Wilamowitz-Moellendorff, Wilmanns.

Quibus omnibus viris optime de me meritis gratias ago quam maximas.